Belgischer Schäferhund

Belgischer Schäferhund

von Valeria Slembrouck

CADMOS

Gestaltung: Ravenstein & Partner
Lektorat: Dr. Gabriele Lehari
Coverfoto: Dr. Gabriele Lehari
Druck: Westermann Druck, Zwickau

Printed in Germany

ISBN 3-86127-731-x

Einleitung

Die FCI (Abkürzung für Fédération Cynologique Internationale, internationaler Dachverband der Kynologen und Hundezüchter) definiert den Belgischen Schäferhund als eine Rasse in vier verschiedenen Erscheinungsformen. Die vier Varietäten unterscheiden sich im Wesentlichen in Art und Länge ihrer Behaarung und Färbung sowie – in geringerem Maße – in Wesensnuancen. Der ursprünglichste, seltenste und rustikalste Vertreter ist der rauhaarige Laekenois. Als sportlichster ragt der kurzstockhaarige Malinois hervor. Am elegantesten wirken die beiden langhaarigen Formen: der schwarze Groenendael und der falbfarbene, schwarz gewolkte Tervueren.

Herausgezüchtet hat man die Belgischen Schäferhunde vor gut 100 Jahren aus bodenständigen Schäferhundschlägen Belgiens. Ihre Entwicklung ist von zahlreichen Hochs und Tiefs, häufigen Standard-Änderungen und Streitereien um die „richtige" Farbe für die einzelnen Varietäten geprägt. Nach gut 100-jähriger Reinzucht, mit gelegentlichem Blutaustausch untereinander, stehen die vier Mitglieder der Belgier-Familie heute als gut durchgezüchtete und konsolidierte Varietäten mit einem harmonischen Exterieur da. Innerhalb der Gruppe der Hüte- und Schäferhunde gehören sie mit zu den zierlichsten und elegantesten Vertretern – nobel und rassig vom äußeren Erscheinungsbild wie auch von ihrer Bewegungsmanier her. Aber sie können nicht nur mit Schönheit und Ästhetik ihrer Gestalt aufwarten, sondern haben auch sonst eine ganze Menge zu bieten.

Da Belgische Schäferhunde das Glück hatten, bisher nie wirklich in Mode zu kommen, haben sie viel von ihren ursprünglichen Arbeitseigenschaften bewahrt. Bedingt durch die Abnahme der Schafbestände in Belgien war man schon früh –

nämlich bereits zu Beginn ihrer Reinzucht – bemüht, andere Aufgaben für sie zu finden, und selektierte sie auf allgemeine Gebrauchseigenschaften hin. Eine Spaltung in Schau- und Arbeitslinien erfolgte – bei den einzelnen Varietäten und in verschiedenen Ländern in unterschiedlich hohem Maße – erst in jüngerer Zeit.

Alle vier Belgier-Varietäten werden weltweit wegen ihrer Vielseitigkeit hoch geschätzt. Es dürfte kaum ein für Hunde geeignetes Einsatzgebiet geben, das ein Belgier nicht abdecken kann, zumal er – nicht zuletzt aufgrund seines anatomisch gesunden Körperbaus – physisch leistungsfähiger und belastbarer ist als viele anderen Rassen. Auch auf deutschen Hundeplätzen sind Belgier in den letzten 20 Jahren mehr und mehr zum vertrauten Anblick geworden.

Im ersten Teil des vorliegenden Buches erfahren Sie viel Wissenswertes zu Geschichte und Rassewerdung der Belgischen Schäferhunde sowie zu Aussehen, Charakter, Erziehung und Ausbildung. Im Anschluss werden die vier Varietäten im Einzelnen beschrieben, wobei nach einem kleinen Exkurs durch die Geschichte besonders auf die Unterschiede und Besonderheiten bezüglich Aussehen und vor allem Wesen und Verwendung eingegangen wird. Das abschließende Kapitel beschäftigt sich mit Pflege und Gesundheit des Belgischen Schäferhundes. Auf allgemeine Informationen, die für nahezu jede Hunderasse gelten, wie Eingewöhnung des Welpen, Grunderziehung oder Ernährung wird hier nicht näher eingegangen. Hierzu sei auf die einschlägigen Welpen-, Ernährungs- und Erziehungsbücher verwiesen.

Nobel und rassig – so soll ein Belgischer Schäferhund aussehen. (Foto: Lehari)

Aus diesem knuddeligen Welpen wird einmal ein prächtiger Tervueren. (Foto: Widmann)

Rassewerdung des Belgischen Schäferhundes

Ende des 19. Jahrhunderts, als es noch in vielen Ländern West- und Mitteleuropas riesige Wanderschafherden gab, die von Hirten mit ihren flinken Schäferhunden gehütet wurden, existierten in Belgien bei Schäfern und Bauern unterschiedliche Schläge relativ kleiner und schlanker, sehr temperamentvoller Schäferhunde. Diese wogen meist um die 20 Kilogramm, waren mehr oder weniger quadratisch gebaut, hatten einen spitzen, schmalen Fang und kleine dreieckige Stehohren, die sie meist etwas nach vorne gerichtet trugen. Sie bewegten sich leichtfüßig und tänzelnd, waren sehr genügsam und robust, ihrem Herrn treu ergeben, jedoch misstrauisch gegenüber Fremden und jederzeit bereit, ihre Herde zu verteidigen. Man kannte langhaarige, kurzhaarige und rauhaarige Vertreter, aber auch viele Mischtypen zwischen diesen, da die Schäfer und Bauern alle Schläge untereinander kreuzten. Ihre Fellfarbe variierte zwischen Schwarz, Rotbraun, Grau und Gestromt in allen möglichen Schattierungen. Zucht und Selektion dieser Hunde erfolgten ausschließlich nach Gebrauchskriterien, Fellstruktur und -farbe waren dabei von untergeordneter Bedeutung. Um aus diesem „Urbrei“ relativ heterogener Herdengebrauchshundschläge jenen schnittigen, eleganten und formvollendeten homogenen Rassehund zu schaffen, den die vier Varietäten des Belgischen Schäferhundes heute verkörpern, bedurfte es einer Dynastie begnadeter Züchter und vieler Generationen selektiver Zucht.

Es erfordert viele Generationen selektiver Zucht, um solch einen formvollendeten Rassehund zu erschaffen. (Foto: Widman

Wie in anderen europäischen Ländern setzte auch in Belgien gegen Ende des 19. Jahrhunderts eine kynologische Bewegung ein, welche die Erfassung und Reinzucht unterschiedlicher Schläge als deutlich abgegrenzte Rassen zum Ziel hatte. Obwohl die erste internationale Hundeausstellung in Belgien bereits 1880 in Brüssel stattfand und auf dieser unter fast 1.000 Hunden, überwiegend Jagdhunden, auch sieben kontinentale Schäferhunde (deutsche, französische, holländische und belgische) – noch ohne nähere Beschreibung und Rassebezeichnung – vertreten waren, dauerte es noch weitere zehn Jahre, bis der Belgische Schäferhund geboren wurde. Ins Rollen kam die Angelegenheit erst, nachdem im Jahr 1889 in der Zeitschrift Chasse et Peche (Jagd und Fischfang) ein Artikel erschienen war, in dem darauf hingewiesen wurde, dass die Engländer mit ihrer Hundezucht schon viel weiter seien, da sie bereits einen Standard für den Collie und Bobtail aufgestellt hätten, während es hierzulande viele Schäferhunde gäbe, denen sich bis dato noch kein Klub oder keine Kommission angenommen hätte.

Der eigentliche Startschuss für den Belgischen Schäferhund fiel am 15. 11. 1891 mit einer Ausstellung in Cureghem bei Brüssel.

Ein Malinois war der erste offiziell registrierte Belgische Schäferhund. (Foto: Widmann)

Dorthin hatte Professor Adolphe Reul vom Tierärztlichen Institut von Cureghem – Tierarzt, Hundebuchautor und anerkannter belgischer Kynologe – Schäfer und Züchter aus verschiedenen Teilen Belgiens zusammenkommen lassen, um ihre Hunde zu begutachten und zu inventarisieren. 117 Hunde waren es, die man ihm dort vorführte: 40 langhaarige, 19 rauhaarige und 33 kurzhaarige Vertreter. Die langhaarigen waren überwiegend von schwarzer Farbe, die rauhaarigen und kurzhaarigen meist rotbraun bis grau gefärbt. 40 Hunde wählte man für ein Zuchtprogramm aus und im nachfolgenden Jahr, am 8. 5. 1892, fand in Cureghem die erste Spezialausstellung für Belgische Schäferhunde, wie man diese nun allgemein nannte, statt, auf der wiederum alle Farben und Haararten vertreten waren.

Die Rassewerdung des Belgischen Schäferhundes ist eng mit dem Namen von Professor Reul verbunden. Ihm verdanken wir die erste Beschreibung und den ersten Standard der Rasse. Bei der Einteilung in zunächst drei Varietäten orientierte er sich am Collie, der seinerzeit in drei Formen (lang-, kurz- und rauhaarig) beschrieben wurde. Während der Anfangsjahre fungierte Reul auch als einziger Richter für die Belgier.

Ende 1891 fanden sich in Brüssel engagierte Liebhaber zusammen und gründeten den Club du Chien de Berger Belge (Klub für den Belgischen Schäferhund), der unter der Schirmherrschaft der Societé Royal Canine St. Hubert stand, die sich später der FCI anschloss. Der gleichzeitig mit der Klubgründung aufgestellte erste Standard propagierte drei Haarvarietäten: Langhaar in schwarzer Farbe, Kurzhaar in Rotbraun und Rauhaar in Grau. Langhaarige Andersfarbene (heutige Tervueren), rotbraune Rauhaarige sowie Kurzhaarige in Gestromt, Schwarz, Fahlrot und Isabellfarben schloss man anfangs aus der Zucht aus. Dieser Standard erfuhr im Laufe der Zeit mehrfache Änderungen – zeitweilig gab es sogar acht Varietäten – bis hin zu der heute gültigen Version mit vier anerkannten Varietäten, die seit 1939 gilt.

Schon damals – wie auch heute noch – lieferte man sich kontroverse Diskussionen, unter anderem über Haarlänge, -textur und -farbe, was die Entwicklung der Rassen zeitweise ziemlich behinderte. Züchter und Besitzer von Hunden, die nicht den vorgegebenen Farbkriterien entsprachen, waren über die Ausgrenzung ihrer Hunde sehr verärgert und gründeten daraufhin einen Dissidentenklub, genannt Berger Belge Club (Belgischer Schäferhundklub). Dieser im Jahr 1891 von L. Huyghebaert und Dr. G. Geudens ins Leben gerufene Klub hatte seinen Sitz in Malines (Mechelen). Der von Professor Reul gegründete Club du Chien de Berger Belge zog im Streit um Haararten und -farbe wie auch um den Stellenwert von Schönheits- gegenüber Arbeitsqualitäten den Kürzeren. Er verschwand irgendwann von der Bildfläche, während der Berger Belge Club überlebte und von der Societé Royal Canine St. Hubert anerkannt wurde – ebenso wie der wenige Jahre später aus der Taufe gehobene Königliche Groenendael Klub. Bereits im Jahr 1901 trug man die ersten Belgischen Schäferhunde ins Zuchtbuch der Societé Royal Canine St. Hubert ein. Der erste offiziell registrierte Belgische Schäferhund war ein im Jahr 1897 geborener Malinois-Rüde.

Beide Klubs waren bis in die 1990er-Jahre aktiv. Am 30. 3. 1990 schlossen sie sich – nach langwierigen Bemühungen – endlich zusammen. Seitdem gibt es im Stammland Belgien nur eine einzige Organisation, die alle vier Varietäten betreut: die Königliche Union der Klubs für Belgische Schäferhunde.

Der Laekenois ist die seltenste Variante des Belgischen Schäferhundes. (Foto: Slembrouck)

Namensgebung

Die vier Varietäten, in denen der Belgische Schäferhund nun seit mehr als 60 Jahren gezüchtet wird, benannte man nach Lokalitäten in der Nähe von Brüssel, zum Beispiel nach dem königlichen Schloss Laeken sowie nach dem Städtchen Malines (Mechelen), Örtlichkeiten, in deren Nähe die anfänglichen Zuchtzentren der jeweiligen Formen lagen: Groenendael (Langhaar schwarz), Tervueren (Langhaar falbfarben oder grau mit Charbonnage und dunkler Maske), Laekenois (Rauhaar falbfarben) sowie Malinois (Kurzhaar falbfarben mit Charbonnage und dunkler Maske). Bis 1973 waren Mischpaarungen unter den verschiedenen Langhaarigen sowie Mischpaarungen von Rau- und Kurzhaar untereinander offiziell erlaubt. Eine Zeit lang (ab 1929) waren auch schwarze Kurzhaarige zugelassen, die jedoch heute (seit 1989) nicht mehr erwünscht und von der Bildfläche verschwunden sind. Sie sind zwar in Belgien theoretisch noch anerkannt, nicht jedoch vonseiten der FCI.

Der schwarze Groenendael wird nur in der langhaarigen Variante gezüchtet. Sei 1989 sind kurzhaarige schwarze Belgier nicht mehr erwünscht. (Foto: Lehari)

Vor dem Untergang gerettet

Der Erste Weltkrieg brachte mit der deutschen Besetzung Belgiens die so hoffnungsvoll begonnene Zucht der Belgischen Schäferhunde vorübergehend fast völlig zum Erliegen. Der vorläufige Todesstoß erfolgte 1917, als die deutschen Besetzer alle Hunde mit mehr als 40 Zentimetern Schulterhöhe beschlagnahmten. Die meisten Zuchttiere gingen dabei verloren. Am schlimmsten traf es die militärische Zuchtstätte von Lauer Saint Pierre, als 400 Hunde getötet wurden. Aufgrund dieses Massakers war es lange Jahre nach Kriegsende nicht möglich, einen zuchttauglichen Malinois aufzutreiben.

Mit dem Mut der Verzweiflung begann man dennoch nach 1918 mit dem Neuaufbau. Um das verbliebene Zuchtmaterial optimal zu nutzen, beschloss der Klub im Jahr 1920 eine Lockerung der Farbentrennung. Er anerkannte vorübergehend auch wieder Mischfarben, die unter der Bezeichnung „Andersfarbige" geführt wurden.

Außerdem wurden Kreuzungen zwischen allen Langhaarigen und Kurzhaarigen untereinander – ohne Rücksicht auf die Farbe – sowie Kreuzungen zwischen Kurz- und Rauhaarigen (Malinois und Laekenois) und zwischen Malinois und Tervueren gestattet. Die Belgier-Zucht erholte sich allmählich und ab 1930 erschienen wieder vermehrt gute Belgische Schäferhunde auf den Ausstellungen.

Der Zweite Weltkrieg zog wiederum eine ähnliche Situation nach sich wie der Krieg von 1914/18. Und auch 1945 griff man zur Rettung der Rassen erneut auf die bewährte Methode von 1920 zurück und gestattete Mischlingswürfe. Diese freizügigen Zuchtbestimmungen wurden im Jahr 1973 wieder aufgehoben. Seitdem sind Kreuzungen zwischen den verschiedenen Haar- und Farbvarietäten, das heißt zwischen den vier Belgier-Varianten untereinander – außer in begründeten und zuvor beantragten Ausnahmefällen –, nicht mehr erlaubt.

Das vorläufige Endprodukt von gut 100 Jahren gezielter Rassezucht kann sich wirklich sehen lassen: ein durch und durch vernünftig angelegter Hund von funktioneller Schönheit und fabelhafter Leistungsfähigkeit, an dem das Fehlen jedes modischen Schnickschnacks vielleicht gerade seine größte Besonderheit ist. Heute findet man Belgische Schäferhunde in fast allen Ländern der Welt bis hin nach Australien, Japan, Indonesien, Südafrika und Südamerika. In Europa sind die Belgier hauptsächlich in Frankreich, Belgien, den Niederlanden, Deutschland und Skandinavien beliebt und verbreitet.

Betreuende Klubs

In Deutschland werden die Belgier von drei Vereinen betreut: dem Deutschen Klub für Belgische Schäferhunde (DKBS) e.V., dem Klub für Belgische Schäferhunde Berlin (BSB) e.V. und dem Deutschen Malinois Club (DMC) e.V.

Als 1964 der Deutsche Klub für Belgische Schäferhunde (DKBS) vom VDH (Abkürzung für Verband für das Deutsche Hundewesen e.V.) anerkannt wurde, existierte er bereits seit sechs Jahren. Nach anfänglichen Schwierigkeiten, die vier Belgier-Typen in Deutschland bekannt zu machen, wuchs in den letzten Jahren das Interesse und damit auch die Zahl der Mitglieder. Da bei der Belgier-Zucht auf das Wesen der Hunde großer Wert gelegt wird, begann man schon frühzeitig, über Selektion und Wesensprüfungen nachzudenken, und praktiziert diese auch seit nunmehr fast 30 Jahren. So sollen von vornherein Hunde für die Zucht ausscheiden, die Wesensschwächen in Form von Überaggressivität oder Übernervosität aufweisen. Auch werden die Zuchtstätten kontrolliert und überwacht, da die fachgerechte und rassegemäße Aufzucht und Prägung beim Züchter bei dieser Rasse von besonders großer Wichtigkeit ist. Der Weiterbetreuung der Welpenkäufer durch den Züchter und den Verein wird ebenfalls große Bedeutung beigemessen.

1977 formierte sich in der Berliner Region – eigentlich aus einer Landesgruppe heraus, die damals vom DKBS noch nicht zugelassen wurde – ein neuer Klub, der sich Belgische Schäferhunde Berlin e.V. nannte. Bis 1999 waren in dieser Vereinigung nur Langhaar-Halter und -Züchter vertreten. Im Jahr 2000 gesellten sich auch Laekenois- und Malinois-

Für die Malinois, die im Gebrauchshundesektor tätig sind, engagiert sich hauptsächlich der Deutsche Malinois-Club. (Foto: Lehari)

Halter und -Züchter dazu. Zuchtziel dieses Klubs mit derzeit (Stand 2004) rund 120 Mitgliedern ist die Zucht von ruhigen, freundlichen und ausgeglichenen Hunden, die gesund, aber auch schön sind. Um eine optimale Sozialisierung der Welpen zu gewährleisten, darf ein Züchter nur einen einzigen Wurf liegen haben, nicht mehrere gleichzeitig.

Der Deutsche Malinois-Club e.V. (DMC) ist ausschließlich für den Malinois zuständig und vertritt die reine Leistungslinie. Seine Mitglieder entstammen überwiegend dem Gebrauchshundesektor.

Der Standard des Belgischen Schäferhundes

Der Belgier ist ein Rassehund ohne Schwachpunkte im Gebäude – in seinen Proportionen fern jeglicher anatomischer Übertreibung. Alle vier Varietäten bestechen durch ihre harmonische Erscheinung und kraftvolle Eleganz. Im Vergleich zum Deutschen Schäferhund sind sie leichter und kürzer (quadratisch) gebaut. Auch ihr Kopf ist feiner und ihr Fang schmaler. Der wie gemeißelt wirkende Kopf wird hoch getragen und unterstützt den edlen, rassigen, aristokratischen Gesamteindruck. Die mittelgroßen, leicht mandelförmigen Augen blicken offen, aufgeweckt, klug und forschend. Die Hinterläufe sind weniger stark gewinkelt als beim Deutschen Schäferhund. Etwas aus dem Rahmen fällt der rauhaarige Laekenois, der in Typ und Behaarung eine breitere Streuung zeigt: von relativ elegant bis ziemlich derb. Die gröberen Typen erinnern noch mehr an den ursprünglichen rustikalen Landschlag, wie er am Anfang der Belgischen Schäferhundzucht stand. Der Standard ist für alle Varietäten gleich. Er enthält Zusätze, die Haarkleid, Farbe und Maske für die einzelnen Varietäten beschreiben.

Historisch-genealogisch betrachtet stellen die vier belgischen Schäferhundformen vier Varietäten des gleichen Grundtyps dar, die sich im Wesentlichen in Farbe, Felllänge und -textur unterscheiden. In ihren Ursprüngen alle blutsverwandt, haben sich die verschiedenen Formen seit Beginn der Reinzucht auf mehr oder weniger getrennten Wegen weiterentwickelt.

Beim Laekenois gibt es noch den ursprünglichen rustikalen Schlag. (Foto: Slembrouck)

Der Belgische Schäferhund – in der Sprache des Heimatlandes Belgien als Berger belge bezeichnet – besitzt die FCI-Standard-Nr. 15. Er zählt zur Gruppe 1 (Hütehunde und Treibhunde) und innerhalb derer zur Sektion 1 (Schäferhunde) mit Arbeitsprüfung. Die wenigsten Belgier werden jedoch heute noch in ihrer ursprünglichen Funktion als Schäferhund eingesetzt. Vielmehr gelten sie als Gebrauchshunde (zum Beispiel als Wachhunde, Schutzhunde und Fährtenhunde), als Diensthunde und natürlich auch als Familienhunde.

Auch wenn es lange gedauert hat, bis man einen allgemein gültigen Standard bezüglich des äußeren Erscheinungsbildes mit den heute vier zugelassenen Varietäten festgelegt hatte, war man sich hinsichtlich des Körperbaus, des Charakters und der Gebrauchstüchtigkeit der Belgischen Schäferhunde immer einig. Das erwünschte Zuchtziel ist somit ein harmonisch gebauter Hund von mittleren Proportionen, der Eleganz und Kraft in sich vereinigt. Die Hunde sollen widerstandsfähig sein und die häufigen klimatischen Schwankungen in ihrem Heimatland problemlos ertragen können. Bei allen Varietäten muss das Haar immer dicht anliegen und von guter Textur sein. Zusammen mit der Unterwolle soll es einen ausgezeichneten Schutzmantel bilden.

Auch das erwünschte Verhalten und Wesen des Belgischen Schäferhundes sind im Standard ganz klar beschrieben:

„Der Belgische Schäferhund ist wachsam und rege, von übersprudelnder Lebhaftigkeit und stets aktionsbereit. Neben seinen angeborenen Fähigkeiten als Hüter der Herden besitzt er die wertvollen Eigenschaften eines sehr guten Wächters für Haus und Hof. Er verteidigt seinen Herrn ohne jegliches Zögern hartnäckig und leidenschaftlich. Er vereinigt in sich alle für einen Schäferhund, Wachhund, Schutzhund und Diensthund erforderlichen Vorzüge. Sein lebhaftes und munteres Temperament und seine gefestigten Charaktereigenschaften, die weder Angst noch Aggressivität kennen, sollten sich in seiner Körperhaltung und im stolzen und aufmerksamen Ausdruck seiner glänzenden Augen offenbaren. Beim Richten sollte man das „ruhige“ und „beherzte“ Temperament berücksichtigen.“

Obwohl diese angestrebten Wesensmerkmale für alle vier Varietäten des Belgischen Schäferhundes gelten sollen, unterscheiden sie sich jedoch geringfügig bezüglich ihrer Charaktereigenschaften. Hierauf sowie auf die unterschiedlichen Farben und Fellbeschaffenheiten wird bei der Beschreibung der einzelnen Formen näher eingegangen. Etwas Weiß an der Vorbrust sowie an den Zehen ist bei allen vier Varietäten zulässig. Die Lippen- und Lidränder müssen immer stark pigmentiert sein

Da bei den Belgischen Schäferhunden das Aussehen, die Farbe sowie die Länge und die Wuchsrichtung des Haarkleides verschieden sind, wurden diese Merkmale als Kriterium für die Unterscheidung der vier Varietäten der Rasse zugrunde gelegt. Alle vier Varietäten werden auf Rasseausstellungen gesondert gerichtet und jede von ihnen ist berechtigt, eine CAC (Anwartschaft auf den Titel Deutscher Champion), CACIB (Anwartschaft auf den Titel Internationaler Champion) oder eine entsprechende Reserveauszeichnung zu erhalten.

Die gewünschte Größe des Belgischen Schäferhundes liegt für Rüden bei durchschnittlich 62 Zentimeter Widerristhöhe und für Hündinnen bei 58 Zentimeter. Eine Abweichunge von 2 Zentimeter nach unten und von 4 Zentimeter nach oben wird toleriert. Das Idealgewicht liegt für Rüden bei 25 bis 30 Kilogramm, für Hündinnen bei 20 bis 25 Kilogramm. Die Länge des Körpers soll vom Buggelenk zum Sitzbeinhöcker gemessen 62 Zentimeter beziehungsweise etwa so viel wie die Widerristhöhe betragen. Die Kopflänge liegt bei 25 Zentimeter, der Fang sollte zwischen 12,5 und 13 Zentimeter lang sein.

Stolz und aufmerksam soll der Blick eines Belgiers sein. (Foto: Lehari)

Die Belgier besitzen einen sehr rassetypischen Bewegungsablauf, sind enorm spurtschnell und können hohe Geschwin-

Die bevorzugte Gangart ist der mittelmäßig raumgreifende Trab. (Foto: Widmann)

digkeiten erreichen. Wie das Gangwerk im Idealfall aussehen soll, ist im Standard ausführlich beschrieben:

„Der Bewegungsablauf ist in allen Gangarten lebhaft und frei. Der Belgische Schäferhund zeigt einen guten Galopp, aber die gebräuchlichen Gangarten sind der Schritt und vor allem der Trab. Die Gliedmaßen bewegen sich in einer zur Körperachse parallelen Ebene. Bei großen Geschwindigkeiten nähern sich die Pfoten der Mittellinie. Der Trab ist mittelmäßig raumgreifend; die Bewegung ist gleichmäßig und leichtfüßig, mit gutem Schub aus der Hinterhand, wobei die Oberlinie fest bleibt und die Vorderläufe nicht zu hoch angehoben werden. Ständig in Bewegung, scheint der Belgische Schäferhund unermüdlich zu sein. Sein Gangwerk ist schnell, elastisch und lebhaft. Er ist im Stande, bei voller Geschwindigkeit einen plötzlichen Richtungswechsel vorzunehmen. Infolge seines überschäumenden Temperaments und aufgrund seines Wach- und Schutztriebes neigt er deutlich dazu, sich im Kreis zu bewegen.“

Paarungen zwischen Hunden verschiedener Varietäten sind verboten. In Sonderfällen können von den zuständigen nationalen Zuchtkommissionen Ausnahmebewilligungen erteilt werden.

Das Wesen des Belgischen Schäferhundes

Es fällt zwar leicht, die Belgischen Schäferhunde nach ihrem Aussehen zu unterscheiden. In ihrem Wesen sind sie jedoch lange nicht so verschieden, sondern haben vieles gemeinsam. Lediglich Laekenois und Malinois weichen von der Norm etwas stärker ab.

Belgier aller vier Varietäten sind sehr temperamentvolle, verspielte, lernfreudige und energische Hunde, deren hohes Maß an Intelligenz sich unter anderem in ihrem oft geradezu spitzbübischen Erfindungsreichtum offenbart. Sie verfügen über ein blitzschnelles Reaktionsvermögen, große Ausdauer sowie ein gehöriges Maß an Arbeitswillen und -eifer. Ihre Lernbegeisterung ist ebenso grenzenlos wie ihre Einsatzbereitschaft und ihr Enthusiasmus. Aufgrund ihrer Intelligenz und Führigkeit lernen sie sehr schnell, vergessen jedoch negative Erlebnisse und ungerechte Behandlung ebenfalls nur schwer oder gar nicht. Sie verfügen über ein enormes Maß an Spielfreude, die bis ins hohe Alter anhält und die sich leicht zur Motivation nutzen lässt. Belgiern kann man spielend, ja sogar spielerisch fast alles beibringen. Sie sind außerordentlich personenbezogen, möchten am liebsten überall dabei sein und an allem teilhaben, auch innerhalb der Wohnung. Man darf sie nicht aussperren, sondern muss sie unbedingt voll in die Familie integrieren.

Belgier können sich zu regelrechten Kletten entwickeln und lassen dann ihre Menschen nicht aus den Augen. (Foto: Lehari)

Viele Belgier sind richtige Kletten und folgen ihren Bezugspersonen auf Schritt und Tritt, was manchmal durchaus lästig werden kann. Sie sind so menschenabhängig, dass sie sich jeder Situation anpassen, solange sie nur mit von der Partie sein dürfen. Wie alle ursprünglichen Hütehunde benötigen sie viel Bewegung und Beschäftigung. Bei ausreichend körperlicher und geistiger Auslastung verhalten sie sich im Haus ruhig. Sie sind wachsam, ohne jedoch Kläffer zu sein. Allerdings gibt es unter ihnen so manche Exemplare, die zum Beispiel im Agility-Parcours ihre Begeisterung durch anhaltendes Bellen kundtun. Auch zu Hause werden Besucher meistens lautstark gemeldet, wobei die Hunde – falls sie eine entsprechende Erziehung genossen haben – mit dem Bellen sofort aufhören, wenn ihr Mensch ihnen signalisiert hat, dass alles in Ordnung ist. Gegenüber Fremden geben sie sich meist zurückhaltend bis neutral, nach einiger Zeit freundlich, aber nicht aufdringlich. Generell zeigen sie noch relativ ursprüngliches, wölfisches Verhalten. Falls nötig, treten sie als selbstbewusste und rigorose Verteidiger ihrer Familie und deren Habe auf.

Mit der richtigen Sozialisierung sind Belgier ideale Familienhunde. (Foto: Lehari)

Belgier sind zwar hart in der Arbeit, aber sehr gefühlvoll und weich in der Führung. Man darf sie nicht zu hart anfassen, denn dann blockieren oder resignieren sie und verweigern ihre Mitarbeit. Insbesondere Welpen und Junghunde sind außerordentlich beeindruckbar und neigen bei plötzlich auftretenden, ungewohnten Stresssituationen zur Schreckhaftigkeit und Flucht. Sie können durch strenge Behandlung und traumatisierende Erfahrungen in der Kindheit und Jugend leicht verdorben werden. Deshalb ist eine betont sorgfältige Prägung und Sozialisierung während der beiden ersten Lebensjahre ganz besonders wichtig und unumgänglich. Bei kontinuierlich und korrekt durchgeführter Prägung und Sozialisierung sowie intensiver Gewöhnung an die Umwelt entwickeln sie das nötige Selbstvertrauen, um später problemlos mit Artgenossen, anderen Haustieren, Kindern und dem Alltag zurechtzukommen, und stellen dann ideale Familienhunde und Freizeitpartner dar.

Ihre Wesensveranlagung ist besonders vielseitig. Sie kann sich unter dem Einfluss des Milieus, in dem sie aufwachsen, in vielerlei verschiedene Richtungen entwickeln. Abhängig von seinen Erfahrungen im Kindes- und Jugendalter kann ein Belgischer Schäferhund entweder ein Angsthase oder ein äußerst zuverlässiger, stabiler Charakterhund werden.

Einfluss der Zucht auf das Wesen

Leider hat sich, vor allem bei den besonders adretten Langhaar-Vertretern, aber auch bei den Malinois, die Zucht inzwischen in manchen Ländern schon in Schau- und Arbeitslinien gespalten. Hunde aus reinen Arbeitslinien haben sich zum Teil weit von den Standardvorgaben entfernt und sind äußerlich bisweilen kaum noch als Belgier erkenn-

Schon beim Züchter muss die Sozialisierung anfangen. (Foto: Widmann)

bar. Die sehr einseitig ausgerichtete Schauzucht andererseits hat, neben rein kommerziell orientierten Zuchten, dazu geführt, dass auch Linien entstanden, bei denen die Hunde (über)nervös und/oder ängstlich oder aggressiv sind. Wenn man am Erwerb eines Belgier-Welpen interessiert ist, tut man deshalb gut daran, sich einen Züchter auszusuchen, bei dem die Welpen schon von Anfang an gut sozialisiert werden und die Hunde (Elterntiere wie Welpen) relativ unbefangen auf Menschen zugehen. Man kann nicht genug warnen vor Käufen aus Massenzuchten und dubiosen Quellen, die eine der Mentalität der Rasse entsprechende Aufzucht und Prägung in der Regel nicht vorweisen können. Die lebenslangen Schädigungen bei Belgiern aus solchen Zuchten sind vorprogrammiert. Leider gibt es, vor allem unter den Schwarzzuchten, immer noch eine ganze Reihe von Belgier-Linien, die zu sehr niedrigen Reizschwellen neigen und unsichere Giftnattern produzieren – Hunde, die viel zu früh und völlig unangemessen aggressiv reagieren. Die frühzeitige, schon beim Züchter begonnene und im neuen Zuhause kontinuierlich fortgeführte Sozialisierung für Welpen und Junghunde ist gerade bei dieser Rasse besonders wichtig.

Der typische Hütehund

Die Hütearbeit ist für die meisten Belgier seit langem ein Kapitel, das der Vergangenheit angehört. Heute sind Belgier in erster Linie Familien- und Gebrauchshunde. Trotzdem haben sie sich zahlreiche typische Hütehundeigenschaften bewahrt, allem voran ihre große Arbeitsfreude sowie den hohen Motivationspegel zur Kooperation mit dem Menschen (Führigkeit). Belgier vergöttern ihre Besitzer – vorausgesetzt, die Führerrolle ist geklärt – und geben ihr Äußerstes, um es ihnen recht zu machen. Ihre hundertprozentige Hinwendung zum Menschen bringen diese Hunde von sich aus mit. Sie fallen auf den Hundeplätzen immer wieder dadurch auf, dass ihre Aufmerksamkeit konstant auf ihre Menschen gerichtet ist, sie diese nie aus den Augen verlieren, ja sie geradezu anhimmeln. Für ihre Bezugspersonen, von denen sie sich verstanden fühlen und von denen sie als Partner akzeptiert werden, tun sie alles. Ihr „will to please" ist nahezu grenzenlos, zumal Belgier allesamt geradezu süchtig nach Zuwendung, Anerkennung und Lob sind. In den richtigen Händen sind sie leichtführige Hunde, die regelrecht aufblühen, wenn man ihnen eine Aufgabe stellt.

Ein erwachsener Belgier benötigt pro Tag mindestens ein bis zwei Stunden freien Auslauf. Optimal ist es, wenn man ihn zum Joggen mitnehmen oder als Begleiter neben dem Fahrrad oder Pferd mitlaufen lassen kann. Zur Abwechslung bieten sich Spiele mit anderen Hunden, Ball-, Frisbee-, Apportierspiele und Ähnliches an. Mit Spaziergängen und Spielen allein ist ein Belgier jedoch noch nicht zufrieden, denn die restlichen mehr als 20 Stunden des Tages nur herumliegen, aufpassen, Fliegen, Käfer, Schmetterlinge und Hummeln oder Schneeflocken beobachten – das ist keine tagesfüllende Beschäftigung für einen hochintelligenten, dynamischen Belgischen Schäferhund.

Spaziergänge und Spiel bieten dem Belgier nicht genügend geistige Herausforderungen. Beinahe noch wichtiger als Auslauf ist es, dass der Hund auch ein mentales Training erhält, das heißt Aufgaben gestellt bekommt, die seinen wachen Geist beschäftigen. Kurze, nicht endlos stupide wiederholte, sondern abwechslungsreiche Gehorsamsübungen, kleine Fährten- und Suchaufgaben, Zirkuskunststücke und dergleichen mehr sind dafür hervorragend geeignet und lassen sich in den Tagesablauf oder einen Spaziergang als kleine Unterbrechungen gut einbauen. Zudem vertiefen diese Übungen den Kontakt zwischen Hund und Besitzer. Optimal ist es, wenn man dem Belgischen Schäferhund zusätzlich eine Ausbildung in irgendeiner Sparte des Hundesports angedeihen lässt.

Umgang mit Artgenossen

Im Gegensatz zu vielen anderen Hochzuchtrassen besitzen Belgier noch viel ursprüngliches Hundeverhalten, besser gesagt: wölfische Erbanteile, was sich insbesondere in einer ausgeprägten Körpersprache und Mimik zeigt, mit der sie sehr deutlich ihre Empfindungen ausdrücken. Da ihre Gesichter nicht von übermäßig langem Fell verdeckt sind und die Augen und Ohren immer gut sichtbar sind, ist auch das vielfältige Mienenspiel leicht erkennbar.

Alle Belgier gelten als ungemein ausdrucksstarke Hunde, die viel mit Körpersignalen arbeiten und ein gutes soziales Gespür sowie Souveränität im Umgang mit

Beim Apportieren von Spielzeug sind Belgier unermüdlich. (Foto: Lehari)

Diese Hunde haben es gelernt, im Rudel zu leben. (Foto: Lehari)

anderen Hunden zeigen, weshalb sie auch in der Regel friedfertig im Rudel leben können und von den meisten anderen Hunden rasch respektiert werden.

Ist es nun empfehlenswert, zwei oder sogar mehr Belgier zusammen zu halten? Zweifellos ist es für Hunde gut und artgerecht, wenn sie mit einem weiteren oder mehreren Artgenossen unter einem Dach leben können. Denn auch wenn sich der Mensch noch so viel Mühe gibt, ein voller Ersatz für einen Artgenossen, besonders beim Spiel oder beim Ausleben des ausgeprägten Sozialverhaltens, ist er nicht. Allerdings kann es bei manchen Belgiern, besonders wenn sie sehr auf ihren Menschen fixiert sind oder gewisse Unsicherheiten zeigen, in der Anfangsphase schon mal zu Problemen kommen, wenn ein neuer Vierbeiner ins Rudel aufgenommen wird. Dann kann es vorkommen, dass er versucht, durch Drohen oder Wegschnappen die Kontaktaufnahme des neuen Artgenossen mit seinem geliebten Menschen zu unterbinden. Besonders unter gleichgeschlechtlichen Hunden kann es zu Auseinandersetzungen

Wenn sich der Welpe gegenüber dem erwachsenen Hund zu viel herausnimmt ...

oder Raufereien kommen. Auch Welpen und Junghunde werden häufig auf recht unsanfte Weise in ihre Schranken verwiesen. Überschreitet dieses Verhalten ein tolerierbares Maß, sollte es vom Rudelführer, also vom Menschen, sofort unterbunden werden, wobei es ihm die Situation erleichtert, wenn der schon in der Familie befindliche Hund eine gute Sozialisierung und gründliche Erziehung erfahren hat (siehe Kapitel „Erziehung und Führung“).

Belgier und Kinder

Über die Eignung des Belgiers als Kinderhund gehen die Meinungen stark auseinander. Was Kleinkinder anbetrifft, die oft noch unkontrollierte, hektische und für den Hund unter Umständen bedrohlich wirkende Bewegungen ausführen, kann ein Belgier mit seiner angeborenen Signalempfindlichkeit und relativ niedrigen Reizschwelle überfordert sein und, zumindest bei fremden Kindern oder

... wird er schon mal ernsthaft zurechtgewiesen. (Fotos: Lehari)

wenn er Kinder überhaupt noch nicht kennen gelernt hat, falsch reagieren. Andererseits gibt es unzählige Belgier weltweit, die in Familien mit (Klein-)Kindern leben und aufgewachsen sind und die sich hervorragend mit diesen verstehen. Ein Belgier, der bereits als Welpe mit Kindern aufwächst, wird kaum je Probleme mit Kindern haben. Man hat sogar den Eindruck, dass ein solcher Hund vollkommen kinderfreundlich ist. Die Voraussetzung für ein gutes Gelingen der Belgier-Kind-Beziehung ist, dass die Eltern vernünftig, fair und gerecht lenken und handeln, das heißt sowohl Kind wie Hund Grenzen setzen, aber auch beiden ihre Rechte einräumen. Der chronische Zeitmangel, der in Familien mit Kleinkindern oft herrscht, steht dem oft hinderlich entgegen, weshalb man es sich gut überlegen sollte, ob man einen solch anspruchsvollen Hund überhaupt oder nicht lieber erst dann anschafft, wenn die Kinder schon etwas älter und vernünftiger sind.

Mit der richtigen Prägung und Anleitung entwickelt sich ein Belgier in der Regel zu einem kinderfreundlichen Familienhund. (Foto: Lehari)

Der Schutztrieb

Die meisten Belgier verfügen über einen ausgeprägten Schutztrieb. Sie fühlen sich für alles, was zu ihrem Zuhause gehört, verantwortlich: für Haus, Hof, Auto, Wohnwagen, Kinderwagen, unter Umständen auch für die Kinder oder für andere Haustiere, die zum Haushalt gehören. Sie sind im Beschützen zum Teil sehr rigoros. Den Schutztrieb eines Belgiers sollte man von Anfang an gut lenken und kontrollieren, damit man später, bei eventuell nicht ganz ungefährlichen Situationen, verbal leicht eingreifen kann.

Der Jagdtrieb

Der Jagdtrieb ist bei den Belgiern individuell recht unterschiedlich ausgeprägt. Wenn ein Belgier tatsächlich jagt, kann es

Der Schutztrieb des Belgiers ist ziemlich ausgeprägt und sollte von Anfang kontrolliert werden können. (Foto: Slembrouck)

durchaus sein, dass er aufgrund seiner enormen Schnelligkeit sogar einen Hasen fängt. Dank seiner ausgezeichneten Nase ist es für ihn auch kein Problem, die Spur eines Wildtieres aufzunehmen und zu verfolgen. Manche zeigen dann sogar einen gewissen Spurlaut. Auf alle Fälle tut man gut daran, den jungen Hund konsequent daran zu hindern, Erfolgserlebnisse auf diesem Sektor zu haben, was eine gute Schulung im Grundgehorsam voraussetzt, bevor der Hund beginnt, selbstständig zu werden. Richtig angeleitet bleiben erwachsene Belgier, da sie sehr personenbezogen sind, im Allgemeinen in der Nähe ihrer Menschen, auch wenn Wild vor ihnen hochgeht. Merken sie allerdings, dass ihr Mensch abgelenkt ist, vielleicht weil er sich beim Spaziergang mit anderen Personen angeregt unterhält, kann es schon mal vorkommen, dass sie sich kurzzeitig selbstständig machen.

Erziehung und Führung eines Belgiers

Unumgängliche Sozialisierung

Insbesondere in den ersten anderthalb Lebensjahren benötigen die sensiblen Belgier ein hohes Maß an Einfühlungsvermögen, Verständnis und Rückhalt vonseiten ihrer Bezugspersonen. Was man in dieser Zeit in seinen Belgier investiert, bekommt man später tausendfach zurück. Es kann nicht genug betont werden, wie wichtig eine gut ablaufende Prägung, die schon beim Züchter beginnt und im neuen Zuhause kontinuierlich fortgeführt wird, gerade für diese Hunderasse ist. Was manche anderen jungen Hunde weniger zart besaiteter Rassen ohne Angst- und Frustrationsreaktionen akzeptieren, kann bei Belgiern eine Traumatisierung hervorrufen, die unter Umständen irreversibel ist. Schlechte Haltungsbedingungen, nicht rassegerechte Aufzucht sowie schlechte Erfahrungen in der Welpen- und Jugendzeit prägen einen Belgier fürs Leben. Was man in dieser Phase verpasst, lässt sich unter Umständen nicht mehr ausbügeln. Ein Belgierwelpe, der in einer Zwingeranlage ohne viel menschlichen Kontakt aufgezogen wurde, bleibt häufig ein Leben lang menschenscheu, wenn er nicht das Glück hat, noch vor der zehnten Lebenswoche in ein neues Heim mit liebevollen und verständigen Menschen

Dieser Tervueren-Welpe beobachtet schon genau, was um ihn herum vorgeht. (Foto: Widmann)

umzuziehen. Eine schlecht gelaufene oder missglückte Sozialisation lässt viele Belgier im Erwachsenenalter zu unsicheren Hunden werden, die in Stresssituationen ängstlich reagieren. Diese Hunde haben ihr Misstrauen gegen die Umwelt konserviert und reagieren auch weiterhin mit Angst gegenüber allem Fremden und Neuen.

Wird ein Belgier verstoßen, beispielsweise in einen Zwinger verbannt und nicht in eine Familie integriert, wo er geliebt, respektiert und mit liebevoller Konsequenz angeleitet und erzogen wird, ist er nicht imstande, die positiven Fähigkeiten, die in ihm schlummern, zu entwickeln. Ihre idealen Charaktereigenschaften als Familien-, Wach-, Sport- oder Diensthunde können Belgier nur in einem geeigneten, auf ihr Wesen eingehenden Umfeld entfalten.

Welpen und Junghunde benötigen zuverlässige, geduldige und freundliche Personen, die sie mit fester, aber stets liebevoller

Spielen mit Artgenossen ist für kleine Belgier sehr wichtig. (Foto: Widmann)

Hand an das Leben heranführen und zu denen sie ungebrochenes Vertrauen aufbauen können. Am besten ist es, wenn sie mit acht bis zehn Wochen zu ihrem neuen Besitzer kommen und dort – idealerweise in Rücksprache und Abstimmung mit dem Züchter – gut weiter geprägt werden. Im Welpenalter vertragen diese liebevollen, hochgradig sensiblen und führerweichen Hunde weder laute Worte noch zu starke Autorität. Erziehung und Ausbildung sollten in der ersten Zeit noch zurückstehen vor der Prägung auf Menschen, andere Hausgenossen und Umweltgegebenheiten. Bei zu frühen, zu schnellen und zu dominanten Erziehungs- und Ausbildungsversuchen besteht die Gefahr, dass man dem noch labilen Belgier-Kind die erst langsam wachsende innere Festigkeit und Stärke nimmt. Beim Belgier ist es in dieser Phase viel wichtiger, seine Selbstständigkeit und sein Vertrauen zum Menschen und zu seinem späteren Umfeld zu fördern und zu stärken. Das erreicht man, indem man ihn behutsam mit

Anfangs sollten Gehorsamsübungen nur spielerisch erfolgen. (Foto: Lehari)

neuen Situationen, Menschen und Umwelteindrücken konfrontiert – und zwar möglichst so, dass diese für ihn zum positiven Erlebnis werden. Hierzu nimmt man den Welpen zunächst auf dem Arm, später an der Leine an belebte Orte wie Post, Schulhof, Einkaufszentrum, Gastwirtschaft, Bahnhof, Parkanlage, Markt und ähnliche Lokalitäten mit, wo man ihn auch von anderen Menschen anfassen lässt. Falls er ängstlich reagiert, darf man ihn keinesfalls streichelnd trösten, da dies seine Angst belohnen und damit verstärken würde. Man sollte seine Angstreaktionen einfach übergehen, ignorieren und wie selbstverständlich tun, um ihm das Gefühl zu vermitteln, dass alles in bester Ordnung und okay ist. Ein älterer, ruhiger, sicherer und absolut abgeklärter Hund kann hierbei eine große Hilfe sein und den Prozess beschleunigen.

Optimal ist es auch, wenn man parallel dazu regelmäßig eine Welpenspielgruppe besuchen kann, wie sie inzwischen vielerorts angeboten wird. Hier lernt der Welpe und

Junghund, sich mit Artgenossen verschiedener Rassen zu arrangieren und behutsam-spielerisch erste Gehorsamsübungen auszuführen. Allerdings sollte man sich diese Gruppen zuvor gut anschauen. Für kleine Belgier ist es wichtig, dass sie in der Welpenspielgruppe noch zu nichts gezwungen und von ihnen noch keine Unterordnungsübungen verlangt werden. Alle Aktionen sollten freiwillig und spielerisch erfolgen.

Ist der junge Belgier mit liebevoller Anleitung in seine neue Familie und sein neues Umfeld hineingewachsen und hat zu seinen Bezugspersonen ein inniges Vertrauensband entwickelt, kann man langsam und in spielerischer Form damit beginnen, ihm Dinge beizubringen, die für seine spätere Ausbildung wichtig sind. Hat man es geschafft, ihm Stütze zu sein und Selbstvertrauen einzuflößen, kann man später alles von ihm verlangen. Die Sozialisation eines Belgiers muss jedoch ein kontinuierlicher Lernprozess bleiben, bis der Hund mindestens anderthalb bis zwei Jahre alt ist.

Ausbildung

Alle Belgier haben eine lange Teenagerphase. Man darf sie keinesfalls zu früh ernsthaft ausbilden, obwohl sie sich sehr dafür anzubieten scheinen. Sie gelten als ausgesprochene Spätentwickler, die erst mit etwa zwei bis drei Jahren erwachsen sind. Das ist wichtig zu wissen, denn zu frühe, vor allem zu harte Erziehungs- und Ausbildungsversuche machen diese Hunde ängstlich und unsicher. Auf zu viel Druck reagieren sie mit Blockade oder Resignation.

In der Regel genügt es, den Belgier mit liebevoller Konsequenz, Bestimmtheit und Fingerspitzengefühl anzuleiten. Mit Geduld, Einfühlungsvermögen und spielerischer Motivation erreicht man bei diesem sensiblen Hund weitaus mehr als mit Gewalt oder lauten Worten. Der Belgier lernt sehr schnell, muss jedoch, bevor er etwas erlernt, zunächst begreifen, was man von ihm will. Ist der Groschen dann gefallen, so vergisst er einmal Erlerntes nie wieder. Das gilt sowohl im Positiven wie im Negativen und beinhaltet, dass auch falsche Verkopplungen relativ schnell geschehen können und hängen bleiben. Generell bleibt ein Belgier bis ins hohe Alter hinein aufnahmefähig und bereit, Neues dazuzulernen.

Im Gegensatz zu den Altdeutschen Hütehunden haben die Belgier einen anderen Hütestil. Sie sind keine reinen Furchenläufer, stehen in ihrem Arbeitsstil eher zwischen Border Collie und Altdeutschem Hütehund und haben immer das Bedürfnis, in der Arbeit mit ihrem Meister zu kooperieren. Daraus folgt, dass selbstständige Arbeit nicht Passion dieser Rasse ist, die tendenziell eher zum Kleben neigt und mehr auf Zuruf arbeitet, sich nicht gerne vom Menschen löst und immer danach schaut, was der Mensch macht beziehungsweise vorgibt. Von allen Varietäten tendieren Malinois und Laekenois noch am ehesten dazu, nach vorne und selbstständig zu arbeiten.

Besonders Hundesportler sollten diese Charaktereigenschaft berücksichtigen. Denn beispielsweise beim Agility hängt die Art der Führweise sehr davon ab, wie weit sich der Hund von seinem Führer löst, und

Dieser Malinois fordert erwartungsvoll zum Spiel auf. (Foto: Lehari)

muss vom Hundeführer entsprechend angepasst werden. Beim Dog Dance kann es manchmal sehr von Vorteil sein, wenn der Hunde klebt, da viele Figuren im engen Kontakt zum Menschen ausgeführt werden.

Stereotype Unterordnung und immer die gleichen, zigfach wiederholten Übungen eignen sich nicht für diese Rasse. Hier sind Fantasie und Abwechslung gefragt, um den Hund nicht zu langweilen und zu demotivieren. Kasernenhofton wirkt ebenfalls kontraproduktiv.

Wichtig bei der Führung eines Belgiers ist es, dass er mit seinem Meister ständig in Kontakt und unter Kontrolle steht. Das ist nicht schwierig zu erreichen, da diese Hun-

Belgier lernen jede Art von Kunststückchen sehr schnell und achten dabei auf die kleinsten Gesten des Menschen. (Fotos: Lehari)

de auf kleinste Gesten, Intentionsbewegungen und Blickkontakte sehr zuverlässig und sensibel reagieren und dadurch sehr fein anzuleiten sind. Obwohl sie alle absolut führerweich sind – die Hündinnen noch mehr als die Rüden –, sind diese Hunde hart und unempfindlich bei der Arbeit.

Reizschwelle und Individualdistanz

Manche Belgier-Linien neigen zu niedrigen Reizschwellen und in Stresssituationen zur Flucht. Ist ein Entfliehen nicht möglich, drohen sie. Wenn sie daraufhin noch weiter in die Enge getrieben werden, können sie angreifen, meist in Form von abwehrendem Schnappen oder Zwicken. Viele Leute verstehen die Signale der Belgier nicht, wodurch es gelegentlich zu Missverständnissen kommt. Wenn beispielsweise Leute, die die Warnungen der Hunde nicht ernst nehmen, einfach weiter auf sie zugehen, kann es passieren, dass sie angegriffen und gebissen werden. Belgier haben eine recht große Individualdistanz und drohen oft gegen Fremde, wenn diese unterschritten wird. Als Drohgeste ist das In-die-Luft-Schnappen (Abschnappen) bei ihnen relativ weit verbreitet. Es gibt aber auch Hunde, die richtig fest zubeißen. Generell packen Belgier rascher zu als ein Deutscher Schäferhund, beißen jedoch meistens nicht wirklich fest. Meist bleibt es bei einem Schnappen in die Luft oder bei einem Zwicken, sodass es nur selten zu wirklichen Verletzungen kommt.

Die Warnung eines Belgiers ist immer eindeutig und sollte ernst genommen werden. (Foto: Lehari)

Signalempfindlichkeit und Rangordnung

Belgier sind sehr feinsinnige, leicht beeindruckbare, signalempfindliche Hunde, das heißt Hunde, die auf Signale von außen (Laute, Körpersprache, Mimik) stark und sehr gezielt reagieren und dabei manchmal auch übers Ziel hinausschießen. Manche Belgier neigen dazu, auf Zurechtweisungen mit übertriebenen Gesten zu reagieren. Ducken, sich unterwürfig auf den Boden werfen mit dem Bauch nach oben, untertänig mit dem Schwanz wedeln oder beschwichtigend wegblicken und den direkten Augenkontakt meiden sind gängige Unterwerfungs-, Beschwichtigungs- und Übersprungsgebärden aus dem Verhaltensrepertoire vieler Belgier. Auf diese Weise versuchen sie einen zu beschwichtigen oder abzulenken, um zum Beispiel einer gerechten „Bestrafung“ (Korrektur) zu entgehen, ein Verbot zu umgehen oder einem Befehl, den sie nicht ausführen wollen, auszuweichen.

Neue Belgier-Besitzer lassen sich durch solche Allüren oder Maschen in der Tat oft beschwichtigen oder irreführen. Sie glauben, dass ihr Hund verstanden habe, was verboten war. Dabei hat er lediglich auf ihre Drohgesten mit Meideverhalten oder Beschwichtigungsgesten reagiert und sich auf diese Weise der für ihn unangenehmen Situation mit Erfolg entzogen. Hinterher steht er fröhlich auf, schüttelt sich und macht, ohne mit der Wimper zu zucken, die gleiche verbotene Sache noch einmal.

Manche Belgier können eine regelrechte Fuchsschläue entwickeln, wenn es darum geht, Verbote, Verweise oder für sie unangenehme Situationen zu umgehen. Je öfter sie damit Erfolg haben, desto öfter werden sie ihre Tricks anwenden. Ein guter Belgier-Besitzer muss daher seinen Hund und dessen Schauspielchen durchschauen lernen. Ansonsten wird er schnell zum Spielball seines Vierbeiners, der ihn dann mit seinen Meide- und Ablenkungsmanövern an der Nase herumführt und terrorisiert und sich damit in null Komma nichts Vorteile verschafft, die einem rangniederen Rudelmitglied nicht zustehen. Das kann letztendlich auch zu ernsten Rangordnungsproblemen führen.

Auch beim ebenso sensiblen wie schlauen Belgier ist es äußerst wichtig, dass der Mensch immer die Führungsrolle behält – nicht mit Härte oder Gewalt, sondern mit überlegener und vorausschauender Intelligenz. Durch kleine Gesten ist es leicht möglich, diese Führungsrolle im täglichen Zusammenleben mit dem Hund immer wieder einmal zu demonstrieren und zu festigen. Dies kann zum Beispiel dadurch geschehen, dass man es grundsätzlich nicht duldet, dass der Hund aus dem Auto springt, bevor man ihm den Befehl dazu erteilt, dass man ihn nicht als Ersten durch die Tür passieren lässt, dass er nicht an seinen Futternapf gehen darf, bevor man ihm dies durch ein Handzeichen, Kopfnicken oder einen verbalen Befehl erlaubt, oder indem man ihn ruhig absitzen lässt, wenn man ihm das Halsband umlegt, und dergleichen mehr.

Schon der Belgier-Welpe testet aus, was er darf und wie weit er gehen kann. (Foto: Lehari)

Zu wem passt ein Belgier

Eigentlich sind Belgier Hunde, auf die so ziemlich alles zutrifft, was in schönen und klugen Erziehungsbüchern über schöne und kluge, führige und menschenbezogene Hunde – Idealhunde gewissermaßen – steht. Dackel-, Terrier-, Bernhardiner-, Doggen- oder Bobtail-Besitzer könnten im Stillen vor Neid erblassen, wenn sie das Charakterprofil eines typischen Belgiers lesen. Trotz ihrer ideal klingenden Eigenschaften sind Belgier jedoch keine Allerweltshunde, die für jedermann geeignet sind. Sie stellen nämlich Ansprüche an ihre Halter – und die darf man nicht unterschätzen.

Keinesfalls sollte man sich allein von dem ansprechenden Äußeren dazu verleiten lassen, sich einen Belgier anzuschaffen. Auch wenn die Belgier häufig als wunderbare Familienhunde angepriesen werden, so darf man diese Empfehlung nicht absolut nehmen, sondern möge sich kritisch prüfen, ob die eigenen Familienverhältnisse und Lebensumstände und die eigene Persönlichkeit zu diesem Hund wirklich passen. Man tut gut daran, einige Belgier-Halter zu befragen und auch persönlich aufzusuchen, ehe man sich einen Hund dieser Rasse zulegt.

Diese auf einem hohen Temperaments- und Aktivitätslevel angesiedelten, oft impulsiven, explosiven, ungestümen und spontanen Energiebündel mit ihrem angeborenen Drang nach Beschäftigung und geistiger Auslastung und ihrem Kopf voll sprühender Ideen sind keine Hunde für die Durchschnittsfamilie, keine reinen Begleit- oder

Das ansprechende Äußere darf nicht allein der Grund sein, sich einen Belgier anzuschaffen. (Foto: Lehari)

Ausstellungshunde, keine bequemen Hunde, die gerade mal so nebenbei mitlaufen. Nein, ihre Erwartungen an das Leben sind weitaus größer. Sie verlangen ihren Haltern eine Menge an Extrazeit und Aufwand ab und sind daher durchaus anstrengende Weggefährten, insbesondere in den ersten Jahren ihres Lebens. Zudem erfordert ihre Aufzucht, Prägung, Erziehung und Ausbildung einiges an Geduld, Einfühlungsvermögen und Konsequenz. Da sie außerdem sehr beeindruckbare und reaktionsschnell handelnde Hunde sind, muss man von klein auf ihre Reaktionen geschickt in die richtigen Bahnen lenken. Manchmal bedürfen auch ihre extrem schnellen Reflexe der sicheren Kontrolle. Das alles setzt schon einiges an Hundeerfahrung und Kenntnissen des Hundeverhaltens voraus, weshalb man Belgier nicht als Anfängerhunde empfehlen kann. Kann oder will man den Grundbedürfnissen dieser Hunde nicht Rechnung tragen, ist das Desaster vorprogrammiert. Die Arbeitswut eines Belgiers sucht sich dann ihr eigenes Ventil. Langeweile und Unterbeschäftigung können leicht zu Problemverhalten führen, unter der Wohnung, Hund und Besitzer leiden.

Belgier sind nur etwas für aktive Menschen, die sie sowohl körperlich wie auch geistig fordern. (Foto: Lehari)

Aus dem Gesagten geht hervor, dass Belgier erhebliche Ansprüche an ihre Menschen stellen. Sie sind ganz sicher nicht die richtigen Partner für Menschen, die ihren Hund in einen Zwinger verbannen und nur zum Arbeiten oder Spazierengehen herausholen. Reine Zwingerhaltung ist für jeden Belgier eine Strafe, die ihn stumpfsinnig und ängstlich werden lässt. Im Grunde sind sie überaus menschenfreundliche Zeitgenossen, die viel Liebe brauchen, aber auch viel Liebe zu verschenken haben. Sie benötigen ein menschliches Rudel, auf das sie ihre unverbrüchliche Zuneigung und Loyalität begeistert verteilen können. Dieses Rudel kann aus mehreren oder auch nur aus einem Menschen bestehen und es kann zusätzlich auch andere Vierbeiner mit einschließen. In einem Einmannhaushalt prägen sich Belgier in hohem Maß als Einmannhunde, in einem Mehrpersonenhaushalt als Einfamilienhunde.

Aufgrund ihrer Feinfühligkeit eignen sich diese Hunde nicht für nervöse, unausgeglichene, hektische, unbeherrschte, autoritäre, despotische, cholerische oder gefühlsrohe und grobe Menschen – und

Mit Konsequenz und Einfühlungsvermögen erzogene Belgier sind zuverlässige Partner und geben die in sie investierte Zuneigung vielfach zurück. (Foto: Lehari)

wegen ihres Bewegungsdrangs auch nicht für Stubenhocker, Pflastertreter, Phlegmatiker und Melancholiker. Sie sind generell nichts für Menschen mit einem sehr ruhigen, gemütlichen Lebensstil.

Fröhliche, liebevolle und unternehmungslustige, möglichst sportliche Menschen, die den Hund als verständigen Partner und als Familienmitglied achten, mit dem man durch dick und dünn gehen kann, ohne zu viel Druck und Zwang ausüben zu müssen, die aber dennoch genügend Geduld aufbringen, um ihn mit einfühlsamer Konsequenz anleiten zu können, sind mit einem Belgier gut bedient.

Belgier, die Bewegung, Beschäftigung und einen Menschen haben, der sie achtet, anleitet und lobt, sind glückliche Hunde. Ein guter, korrekt aufgezogener und erzogener Belgier, gleich welcher Varietät, sollte, wenn er erwachsen ist, ein selbstsicherer Hund sein, der sich, ohne Nervosität, Aggressivität, Angst oder Schreckhaftigkeit zu zeigen, zwischen Menschen und Tiere begibt und sich auch nicht durch unerwartete Situationen und Geräusche aus seinem Gleichgewicht bringen lässt. Versteht man es, die seinem Belgier innewohnenden Qualitäten zu erkennen, zu fördern und in die gewünschte Richtung zu steuern, erhält man einen starken, souveränen, stets einsatzfreudigen Hund, dessen Grenzen eher in seinem Besitzer liegen als in ihm selbst.

Ein wesensfester Belgier lässt sich auch beim Spielen mit Kindern nicht aus der Ruhe bringen. (Foto: Lehari)

Mit ihrer raschen Auffassungsgabe sind Belgische Schäferhunde für alle Arten der Ausbildung geeignet. (Foto: Widmann)

Einsatzbereiche für Belgische Schäferhunde

Durch ihren in gar keiner Weise extremen Körperbau, ihre gesunde physische Konstitution, Wetterhärte, Kraft, Ausdauer und Lernbereitschaft sind Belgier sehr vielseitig verwendbare, begabte Allrounder. Aufgrund ihrer Flinkheit, Wendigkeit und Behändigkeit im Laufen wie im Springen sowie ihrer raschen Auffassungsgabe eignen sie sich für alle nur denkbaren Sparten der Ausbildung. Da sie jedoch Spätentwickler und erst mit etwa zwei Jahren psychisch und physisch ausgereift sind, sollten sie nicht zu früh ausgebildet werden.

Zahlreiche Belgier arbeiten weltweit als Diensthunde bei Polizei, Militär, Zoll, Grenzschutz, Antiterroreinheiten und ähnlichen Institutionen. So werden zum Beispiel in Frankreich Malinois von speziellen Antiterroreinheiten eingesetzt, um bewaffnete Kriminelle außer Gefecht zu setzen. Dabei arbeiten die Hunde paarweise. Bei fachlich korrekter Ausbildung geben sie hervorragende Schutzhunde ab. Außerdem kann man sie wunderbar in allen Sparten des Breitensports einsetzen. Agility, Flyball, Turnierhundesport und andere Sportarten, bei denen es auf Schnelligkeit, Wendigkeit und Intelligenz ankommt, kommen ihren natürlichen Anlagen optimal entgegen. Auch wenn es weniger um sportliche Höchstleistungen geht, sondern um Präzision oder Ausführung kleiner Kunststücke, wie zum Beispiel bei Obedience oder Dog Dance, sind die Belgier mit Freude bei der Sache. Ebenso kommen sie als Blindenführhunde, Servicehunde für behinderte Menschen, Lawinen-, Sanitäts-, Flächensuch-, Katastrophen- und Rettungshunde sowie als Fährten-, Sprengstoff- und Drogenspürhunde erfolgreich zum Einsatz. Auch als Filmhunde wurden sie schon wiederholt verwendet. Man kann sie sogar als Wasserrettungshunde ausbilden oder als Zughunde für den Schlittenhundesport. Die meisten Belgier leben jedoch nach wie vor als reine Familienhunde.

Sogar der rustikale und seltene Laekenois – hier bei einer Übung zur Trümmersuche – lässt sich vielseitig einsetzen. (Foto: Slembrouck)

Der Laekenois – das rauhaarige Stiefkind

Mit seinem struppigen Rauhaar, den munteren Augen und den kecken Stehohren im Strubbelfell stellt der bäuerlich-rustikale Laekenois die seltenste Varietät – sozusagen das Stiefkind unter den Belgiern – dar. Dieser noch am meisten an den alten Bauernhund erinnernde Typ innerhalb der Belgier-Familie stand von Anfang an im Schatten des Groenendael und des Malinois, was sich bis heute nicht wesentlich geändert hat. Seine relative Unpopularität mag vielleicht damit zusammenhängen, dass er weder durch vornehm-seidiges Langhaar bestticht wie Tervueren und Groenendael noch dass ihm der Ruf eines alles überragenden Gebrauchshundes anhaftet wie dem Malinois. Zudem ist er sturer und schwieriger in der Führung als die anderen Varietäten. In seiner Erscheinung wirkt er gröber, derber und vierschrötiger als seine eleganteren und leichtfüßigeren Lang- und Kurzhaar-Vettern. Dieser Gassenjunge innerhalb des Belgier-Quartetts sieht immer ein bisschen zerzaust und ungewaschen aus, was ihm jedoch seine ganz eigene Originalität und Attraktivität verleiht.

Der Laekenois besitzt nicht die elegante Erscheinung wie seine Vettern, bestlicht aber durch seine Urtümlichkeit und Originalität. (Foto: Slembrouck)

Laut Standard ist für diese rauhaarige Varietät vor allem die harte und trockene Fellbeschaffenheit kennzeichnend. Das zerzauste Haar soll bei Berührung knistern. Am Körper beträgt die Haarlänge etwa 6 Zentimeter, nur auf Nasenrücken, Stirn und an den Beinen ist es kürzer. Weder in der Umgebung der Augen noch am Fang darf das Fell so üppig wachsen, dass es die Kopfform verbergen würde. Die Rute darf keine Fahne bilden. Nur falbfarbene Tiere werden anerkannt mit einem Hauch von schwarzer Wolkung hauptsächlich am Fang und an der Rute.

Geschichte und Reinzucht

Leider behinderten schon zu Beginn der Reinzucht jahrelange Querelen um die richtige Farbe seine Weiterentwicklung. Später stritt man sich um den richtigen Typ, was insbesondere die niederländischen und belgischen Züchter in sich zum Teil feindlich gegenüberstehende Lager spaltete. Die ewigen Dispute gereichten der Rasse bei ihrer von jeher kleinen Zuchtbasis nicht gerade zum Vorteil. Dennoch ist ein zwar beschei-

Auf Ausstellungen ist der Laekenois immer noch sehr selten zu sehen. (Foto: Lehari)

dener, aber langsam wachsender Liebhaberkreis vor allem in Belgien und den Niederlanden, aber auch in einigen skandinavischen Ländern inzwischen bemüht, den Laekenois aus seinem Dornröschenschlaf zu holen und bekannter zu machen, das heißt auch, ihn züchterisch voranzubringen. Dieser verlorene Sohn der belgischen Kynologie, deren erster namentlich bekannt gewordener Vertreter „Vos I" als Urahn praktisch aller belgischen und holländischen Schäferhunde und sogar des Bouviers gilt, holt langsam auf.

Der Laekenois erhielt seinen Namen nach dem königlichen Schloss Laeken bei Brüssel. Im dortigen Schlosspark pflegte um die vorletzte Jahrhundertwende der Berufsschäfer Adrien Janssens mit seiner Familie seine Schafe zu weiden. Er hielt, züchtete und arbeitete mit fahlgelben beziehungsweise fuchsfarbenen Hunden, wobei er im Grunde weder auf die Fellfarbe noch auf die Haarart besonderen Wert legte. Sein Motto lautete vielmehr: „Ein guter Hund kann kein schlechtes Kleid tragen." Gemäß dieser Regel kreuzte er die verschiedenen Farb- und Fellvarietäten bunt durcheinander und selektierte dabei lediglich auf bestmögliche Gebrauchshundeigenschaften. Sein Zuchtstamm diente später als Ausgangsbasis für die Reinzüchtung sowohl der kurzhaarigen (Mechelaar oder Malinois) wie auch der rauhaarigen Varietät (Laeken oder Laekenois).

Eigentlich ist die Rassebezeichnung Laekenois nicht korrekt oder zumindest irreführend, denn ursprünglich stammten die rauhaarigen Hunde gar nicht aus der Gegend um Brüssel, sondern waren in der Region um Boom beheimatet. Boom ist Teil der Provinz Antwerpen und liegt zwischen den Flüssen Alte Schelde, Rupel und Vliet. Dort hatte man seit langer Zeit eine Vorliebe für rauhaarige Schäferhunde, und zwar mit der Begründung, dass diese am besten beißen würden. Die Hunde wurden bevorzugt zur Bewachung der für diese Region typischen Bleichereien gehalten. Sie mussten die auf großen Wiesenstücken, den so genannten Bleichfeldern, ausgelegten Tuche bewachen. Da die rauhaarigen Schäferhunde in dem Ruf standen, misstrauische, überaus scharfe Wachhunde zu sein, die gegebenenfalls hart zulangten, wagten sich Diebe nicht in ihre Nähe. Auf einem Holzschnitt in den Werken des bekannten belgischen Dichters Jacob Cats (1577–1660) findet man diese „furchtbaren Bleichershunde" abgebildet. Ebenfalls erinnert die flämische Redewendung „Bellen wie ein Bleichershund" an diese Hunde und ihre frühere Funktion. Auch von anderen Besitzern rauhaariger Schäferhunde ist überliefert, dass sie ihre Hunde aus der Region um Boom erhalten hatten.

Als man im Jahr 1899 den verschiedenen Haarvarianten per Dekret von oben eine bestimmte Farbe zuwies, wurden im Falle des Laekenois die so genannten pfeffer-und-salzfarbenen (aschgrauen) Hunde als einziger Farbschlag offiziell anerkannt. Die gelben und fuchsfarbenen Vertreter ließ man einfach unter den Tisch fallen. Professor Reul galt als fanatischer Verfechter dieses Pfeffer-und-Salz-Farbschlages. Er lehnte die gelbe Fellfarbe – völlig zu Unrecht – mit der Begründung ab, dass diese einen Beweis für eine frühere Einkreuzung des französischen Briards darstelle.

Aus Protest gegen den Ausschluss der andersfarbigen rauhaarigen Schäferhunde gründeten einige Brüsseler Liebhaber eine Dissidentenvereinigung unter der Bezeichnung Berger Belge Club. Das hatte zur Folge, dass ein mehr als zehn Jahre tobender Streit zwischen den beiden Dissidentenklubs über die richtige Fellfarbe entbrannte, der mit großer Verbissenheit und schonungsloser gegenseitiger Kritik geführt wurde. Weder Professor Reul noch der Berger Belge Club waren bereit nachzugeben

Nach langjährigem Streit um die Fellfarbe haben sich beim Laekenois die falbfarbenen Hunde durchgesetzt. (Foto: Slembrouck)

und die Societé Royal Canine St. Hubert hielt ebenfalls eisern an ihrem früheren Beschluss fest, rauhaarige Schäferhunde in anderen Farben als Pfeffer-und-Salz von Ausstellungen auszuschließen. Erst der Ausbruch des Ersten Weltkrieges stoppte die dahinschwelenden Querelen, die sich nach dem Ende des Krieges in Wohlgefallen auflösten. Schließlich setzten sich die Anhänger der gelbroten Hunde durch, nicht zuletzt deshalb, weil diese Farbvariante von jeher die häufigere war.

Eine gewisse Rückenstärkung erhielten sie durch einen Vorfall, der sich im königlichen Schlosspark Laeken abspielte: Die damalige belgische Königin Marie-Henriette führte ihre Schipperke-Meute (eine andere belgische Hunderasse, die sogar mit den Belgischen Schäferhunden weitläufig blutsverwandt ist) im königlichen Park zu Laeken spazieren, wo der Schäfer Janssens mit seinen gelben Schäferhunden seine Schafe weidete. Einer von Janssens Schäferhunden wollte sich plötzlich auf einen der Lieblingshunde der Königin stürzen, als dieses Hündchen die Ruhe unter den grasenden Schafen zu stören drohte. Ein scharfes Kommando seines Meisters ließ jedoch den Schäferhund zur Herde zurückkehren, noch ehe er das Schipperke erreicht hatte. Schäfer Janssens wollte sich bei der Königin für das unbotmäßige Betragen seines Hundes entschuldigen, aber diese beruhigte ihn mit der Bemerkung, dass der Schäferhund nichts anderes als seine Pflicht getan und dass er deswegen keinen Tadel verdient habe. Sie ließ ihn auch wissen, dass sie das Verhalten und den strikten Gehorsam seines Hundes sehr bewundere. Die Presse sorgte dafür, dass dieser Vorfall allgemein bekannt wurde. Dies trug nicht unerheblich dazu bei, dass die Verfechter des gelben Farbschlages sich gewissermaßen von königlicher Seite unterstützt fühlten.

Bedingt durch den Ersten Weltkrieg, erlosch die Zucht der Rauhaarigen fast ganz. Um die Rasse vor dem Untergang zu retten, beschloss man im Jahr 1920, die verbliebenen Rauhaarschäferhunde mit Malinois aufzukreuzen. Doch trotz aller Bemühungen konnte der Laekenois in seinem Heimatland lange Zeit nicht so richtig Fuß fassen, blieb immer das Aschenputtel und der große Unbekannte innerhalb der Belgier-Familie. Ganz anders verlief die Entwicklung in den Niederlanden, wo der Laekenois zeitweise – besonders in den 1960er-Jahren – sogar als die Nummer eins in der Beliebtheitsskala der Belgischen Schäferhunde rangierte.

Letztendlich ist es den Niederländern zu verdanken, dass die Rauhaar-Belgier nicht vollends untergingen. Sie züchteten vor und nach dem Zweiten Weltkrieg (als in Belgien praktisch kein Laekenois mehr vorhanden war) den Laekenois – ungeachtet der im Stammland tobenden Farbquerelen – weiter, allerdings unter Zuhilfenahme des rauhaarigen Holländischen Schäferhundes, des Malinois und vermutlich auch des Bouviers. Um die Zuchtbasis zu verbreitern und gleichzeitig den Typ zu erhalten, kreuzte man in etwa jede dritte Generation Malinois ein, was auch offiziell genehmigt war. Da Holländische und Belgische Schäferhunde ursprünglich sehr eng miteinander verwandte Rassen sind, deren Unterschiede erst durch selektive Zucht nach unterschiedlichen Standardvorgaben geschaffen wurden, kann man die Einkreuzung von Holländischen Schäferhunden als durchaus legitimen Weg zur Verbreiterung der Zuchtbasis betrachten.

Aufgrund der engen Verwandtschaft und der historischen Tatsache, dass die Wiege der holländischen und belgischen Schäferhunde ursprünglich in der Region um Brabant stand, gab es eine Zeit lang sogar Bestrebungen, Belgische und Holländische Schäferhunde unter der Rassebezeichnung Brabanter Hüte- oder Schäferhund zusammenzufassen. Diese wurden jedoch wieder fallen gelassen.

Andererseits repräsentieren die holländischen Laekenois alten Typs, nach Meinung zahlreicher Rassekenner, oft nicht den angestrebten Belgier-Typ. Sie sind schwerer

Diese drei Laekenois entsprechen eher dem rustikalen Typ. (Foto: Slembrouck)

und gröber gebaut und fallen häufig durch betont große und schwere Köpfe sowie durch eine unerwünscht üppige Lockenbehaarung auf, was man auf die „Bouvierisierung" zurückführt.

Als die Belgier endlich begannen, sich verstärkt der Rauhaar-Variante anzunehmen, waren sie ebenfalls gezwungen, Hunde niederländischer Abstammung züchterisch mit einzubeziehen, da im eigenen Land nicht mehr genügend blutsfremdes Zuchtmaterial vorhanden war (bis circa 1980 fielen dort höchstens ein bis zwei Würfe pro Jahr). Seit Mitte der 1990er-Jahre gewinnt der Laekenois in Belgien nun wieder an Boden und beginnt nicht nur qualitativ, sondern auch quantitativ die niederländischen Zuchten zu überrunden.

Belgien und die Niederlande waren und sind noch immer die züchterische Heimat des Laekenois. Außerhalb dieser beiden Länder ist seine Verbreitung sehr begrenzt, auf einzelne oder wenige Züchter beschränkt. In Frankreich, wo es eine Zeit

Der Laekenois gilt als der ruhigste unter den Belgiern. (Foto: Slembrouck)

lang sehr schöne und typische Vertreter dieser Varietät gegeben hat, ist der Bestand inzwischen leider wieder stark rückläufig. Langsam ansteigendes Interesse für den Laekenois ist in Skandinavien zu verzeichnen. In Deutschland, wo die Rasse von zwei Klubs betreut wird – dem DKBS und dem BSB –, fiel der erste Laekenois-Wurf im Jahr 1997.

Im Typ unterscheiden sich die Laekenois, je nachdem, aus welchem Land sie stammen, geringfügig. In Frankreich kommt der Typ dem Standard am nächsten, aber auch in Belgien und teilweise in den Niederlanden stehen gute, typische Vertreter des modernen leichteren Typs. In den Niederlanden existiert neben dem neuen aber auch noch der alte Typ, der etwas schwerer gebaut und oft stärker behaart ist. In den nordischen Staaten sind die Laekenois im Allgemeinen recht groß. Sie werden inzwischen gerne zur Blutauffrischung für die teilweise zu klein gewordenen niederländischen und belgischen Laekenois-Linien verwendet.

Auch ein Laekenois kann durchaus sehr sportlich sein! (Foto: Slembrouck)

Wesen und Verwendung des Laekenois

Unter den vier Rassen gilt der Laekenois als der ausgeglichenste Vertreter. Obwohl keinesfalls eine Schlafmütze, ist er in der Regel ruhiger, gelassener, weniger nervös als viele seiner langhaarigen Verwandten und steht weniger unter Strom wie ein Malinois aus reinen Arbeitslinien. Bietet man ihm jedoch die Gelegenheit dazu, kann er genauso arbeitseifrig sein wie sein kurzhaariger Bruder. Allerdings ist er wegen seines Dickkopfes und seiner größeren Selbstständigkeit schwieriger zu führen. Seine Liebhaber schätzen an ihm seine zuverlässige Art und seine Vielseitigkeit – vielleicht auch seinen flämischen Sturschädel, an dem man sich so schön reiben kann – und natürlich sein burschikoses Outfit und Auftreten. Schneid und ein gewisses Maß an Naturschärfe zeichnen ihn ebenso wie die anderen Belgier aus, wobei er mehr Härte und Schärfe besitzt als die Langhaarigen. Leider gibt es unter dieser Varietät auch einige absolute Beißer – vermutlich als immer wieder einmal durchschlagendes Erbe der bewährten Bleichershunde. Es empfiehlt sich, Zucht und Elterntiere verschiedener Züchter anzuschauen, ehe man einen Laekenois-Welpen erwirbt.

Der Laekenois ist neugierig, verhält sich aber oft abwartend und misstrauisch Menschen und Situationen gegenüber, die er nicht kennt. Eine gute, frühzeitige Sozialisierung sowie eine auf Vertrauen begründete Zusammenarbeit sind bei ihm vielleicht noch wichtiger als bei den anderen Belgier-Varietäten. Seinen Bezugspersonen gegenüber ist er sehr zugetan, bewährt sich im häuslichen Umkreis als ausgezeichneter Familien- und zuverlässiger Wach- und Schutzhund. Wie alle Belgier eignet er sich für vielfältige Sparten der Ausbildung, für hundesportliche Aktivitäten ebenso wie als Polizei-, Militär- oder Suchhund.

Der Malinois – der kurzhaarige Hochleistungsathlet

Der Malinois ist die kurzhaarige Variante des Belgischen Schäferhundes. Etwas längeres Fell findet sich an der Rute – bildet aber keine Fahne –, im Halsbereich in einer Art Halskrause und an der Hinterseite der Schenkel. Anerkannt werden falbfarbene, schwarz gewolkte Tiere mit schwarzer Maske. Die Maske muss sehr ausgeprägt sein und möglichst Ober- und Unterlippe, den Lippenwinkel sowie die Augenlider als eine einheitlich schwarze Fläche umschließen. Die Haut muss mindestens an sechs Stellen schwarz pigmentiert sein: an beiden Ohren, beiden oberen Augenlidern sowie an Ober- und Unterlippe. Die schwarze Wolkung entsteht durch schwarz gefärbte Haarspitzen, wodurch die Grundfarbe dunkler erscheint. Diese Abtönung wirkt stets wie angehaucht und darf nie in Form von großen Platten oder Stromung auftreten.

Mit seiner stolzen Haltung, seinem stets, auch in der Ruhe, wie eine gespannte Feder wirkenden Körper, seiner drahtigen, trockenen und muskulösen Erscheinung und seinem wachen, aufmerksamen Blick verkörpert der Malinois einen Hund von hohem Adel, der insbesondere in der Bewegung und im Sprung an ein rassiges Vollblutpferd erinnert.

Mit seinen ebenmäßigen, harmonischen Linien, dem gut sichtbaren Muskelspiel unter dem kurzen Stockhaarfell, seinem wie gemeißelt wirkenden Kopf mit dem aufgeweckten Blick aus den dunklen Augen stellt der Malinois den rassigen Hochleistungssportler unter den Gebrauchshunden dar. Sein Bewegungsablauf wirkt lebhaft, frei, raumgreifend, behände und sehr ausdauernd. Im Gegensatz zum Deutschen Schäferhund besitzt er eine mäßige Hinterhandwinkelung, was zusammen mit seinem kurzen, geraden Rücken seine phänomenale Sprint- und Sprungkraft bewirkt, die immer wieder erstaunt.

So nimmt es kaum Wunder, dass der Malinois anatomisch weitaus gesünder ist als viele andere Gebrauchshunderassen. Mittlere bis schwere HD (Abkürzung für Hüftgelenksdysplasie) oder andere Erbkrankheiten kommen bei ihm so gut wie nicht vor. Etwa 80 Prozent der Population gelten als HD-frei. Nimmt man noch die Übergangsform der HD dazu, kommt man sogar auf einen HD-freien Prozentsatz von 98 Prozent. Das dürfte wohl von kaum einer anderen Gebrauchshunderasse gleicher Größe erreicht werden! Ihre gesunde Konstitution spiegelt sich auch darin wider, dass Malinois ein hohes Alter erreichen. Ihre Lebenserwartung liegt bei zwölf bis 14 Jahren und oft noch mehr.

Der Malinois stellt heute in seinem Heimatland wie auch weltweit die zahlenmäßig am weitesten verbreitete Form innerhalb

Der Malinois zeichnet sich durch seinen drahtigen, athletischen Körper aus. (Foto: Widmann)

Aus dem Gebrauchshundesport ist der Malinois nicht wegzudenken. (Foto: Lehari)

der Belgier-Familie dar. Laien halten ihn oft fälschlicherweise für einen Deutschen-Schäferhund-Mischling. In Belgien ist er bereits seit Ende des 19. Jahrhunderts die beliebteste Nationalrasse, da er der Vorliebe der Belgier für Unterordnungs- und Schutzhundtraining ideal entgegen kommt.

Der Malinois entwickelte sich weitgehend unabhängig von seinen langhaarigen Verwandten und hat, mehr noch als die Langhaar-Varietäten, seine ursprüngliche Arbeitslust bewahrt. In Gestalt und Psyche verkörpert er den schlechthin optimalen Hund für den Hochleistungshundesport, den Spitzensportler unter allen Gebrauchshunden, der nicht mehr zu überbieten ist und den einer seiner Bewunderer einmal als „Jahrhundertzüchtung“ bezeichnet hat. Da die meisten Züchter der kurzhaarigen Varietät zu Beginn der Reinzucht in der Umgebung von Malines (Mechelen) wohnten, gab man dieser Rasse den Namen Malinois.

Die schwarze Maske soll beim Malinois deutlich ausgeprägt sein. (Foto: Widmann)

Geschichte und Reinzucht

Die Geschichte des Malinois ist eng mit dem Namen von Louis Huyghebaert (1868–1952) verbunden. Er züchtete Malinois, war Ehrenmitglied der Sankt-Hubertus-Gesellschaft, Schönheits- und Arbeitsrichter. Sein ganzer Enthusiasmus galt der Unterordnung und Fährtenarbeit, worüber er oft in Chasse et Peche schrieb und auch ein Buch herausbrachte. Wenn er beruflich mit seinem Fahrrad über Land fuhr, hielt er oft nebenbei Ausschau nach schönen Schäferhunden, die er insbesondere in der Umgebung von Malines und im Norden der Provinz Antwerpen fand.

1898 gründete man innerhalb des Belgischen Schäferhundeklubs in Malines einen Klub für kurzhaarige Belgische Schäferhunde, wobei von Anfang an der talentierte, gut gebaute, intelligente und freundliche Gebrauchshund im Vordergrund stand und das Aussehen zweitrangig war. Bereits im Jahr 1903 organisierte man im Botanischen Garten von Malines eine große Ausstellung für Schäfer- und Zughunde. Dieser schloss sich eine umfangreiche Arbeitsprüfung an, die auch Wasserarbeit beinhaltete. Man entwickelte bereits damals die Idee, die Herdengebrauchshundeprüfungen – wegen Abnahme der Schafbestände – durch gezielte Arbeitsprüfungen zu ersetzen, bei denen die Belgischen Schäferhunde ihre Intelligenz, ihren Gehorsam und ihre Zuverlässigkeit unter Beweis stellen konnten.

Zu Beginn fielen in den Malinois-Linien relativ viele Welpen von blasser Farbe. Später begannen die Züchter, der Farbe mehr Beachtung zu schenken und um 1900 herum durch Inzucht das Auftreten von Masken zu festigen.

Im Ersten Weltkrieg ging viel wertvolles Zuchtmaterial verloren. Um die Zuchtbasis für den Neuanfang zu verbreitern, ließ man danach Farbüberlegungen erst einmal beiseite. Eine Zeit lang durften alle Kurzhaarigen untereinander – ungeachtet der Farbe – sowie Kurzhaar und Rauhaar miteinander verpaart werden. Um den Neuaufbau der Rasse machte sich insbesondere der späterhin sehr bekannte Körmeister und Züchter Felix E. Verbanck verdient.

Der Zweite Weltkrieg ging an der Rasse ebenfalls nicht spurlos vorüber, aber dank zahlreicher Liebhaber konnte sie sich auch von diesem erneuten Aderlass wieder erholen. Wie schon 1920 durften auch nach 1945 Malinois mit Laekenois und sogar mit Tervueren verpaart werden. Bis 1978 züchtete man den Malinois in der gesamten Skala von Rot über Grau bis Schwarz. Seit 1989 werden nur noch rote Malinois mit schwarzem Anflug und schwarzer Maske anerkannt. Das heißt, die schwarzen Malinois, die hin und wieder einmal fallen, sind, ebenso wie gestromte Hunde, nicht mehr zugelassen.

Die Züchter von Schäferhunden rund um Malines strebten einen tüchtigen Gebrauchshund an. Das Ebenmaß der äußeren Erscheinung war für sie durchaus zweitrangig, ebenso wie die Haarfarbe. Von Anfang an züchtete man den Malinois daher nicht in erster Linie auf Schönheit und Eleganz der Linien, sondern mit starker Betonung auf die Gebrauchstüchtigkeit. Schon sehr früh organisierte man Wettbewerbe für abgerichtete Wach- und Verteidigungshunde – in Belgien „Ringsport" oder kurz „Ring" genannt –, von denen der erste bereits im Jahr 1903 in Mechelen stattfand.

Dass der Malinois unter den vier Varietäten des Belgischen Schäferhundes am ehesten den typischen Sporthund repräsentiert und sich im Gebrauchshundesport größter Beliebtheit erfreut, kommt nicht von ungefähr, hat doch das sportliche Arbeiten mit dem Nationalhund in Belgien eine lange Tradition und einen sehr hohen Stellenwert. Der Ring ist für den Malinois gemacht und der Malinois für den Ring. Hier ist seine Domäne, in der er beweisen kann, was in ihm steckt. Bedingt durch die Anforderungen, die die Prüfungsordnungen in Belgien, Frankreich und den Niederlanden hinsichtlich körperlicher und nervlicher Belastung an einen Hund stellen, unterliegt die Rasse dort seit langem einem beispiellosen Selektionsdruck. Bei den Prüfungen werden zum Beispiel extreme Hoch- und Weitsprünge verlangt, die enorm hohe Anforderungen an Körperbau, Gesundheit und körperliche Belastbarkeit stellen. So ist die Hürde beispielsweise 1,20 Meter hoch, wobei der letzte halbe Meter aus lose aufliegenden Stangen besteht. Die Wand (Palisade) misst 2,40 Meter, ist steil und ohne Kletterhilfe. Will der Hundeführer einige Punkte mehr erreichen, wird die Palisade auf 2,50 Meter erhöht. Dann folgt noch ein Sprung über einen Wassergraben von 4,50 Meter Breite.

Das belgische Ringprogramm ist derart anspruchsvoll und selektiv, dass nur ein wirklich guter Hund an die Spitze kommen kann. Anders als bei den deutschen Schutzhundprüfungen fördert man hier in erster Linie die Persönlichkeit des Hundes, indem man diesen in jeder Prüfung mit anderen Situationen konfrontiert. Das erfordert härteste Selektionszucht auf Gesundheit, Wesensfestigkeit, Souveränität, nervliche Belastbarkeit, Härte und gute Führigkeit. In Belgien, aber auch in Frankreich und den Niederlanden, stellt jede Prüfung eine Selektionsprüfung dar, das heißt, die Prüfungsergebnisse haben unmittelbaren Einfluss auf die Zucht. Die Namen von Hunden, die in überregionalen Prüfungen vorne liegen, werden mit Sicherheit eines Tages in irgendeiner Ahnentafel wiederzufinden sein. Der Vorteil dieser Praxis liegt auf der Hand: Unter den harten Auslesebedingungen fallen Hunde mit körperlichen und psychischen Schwächen rasch aus der Wertung. Zudem wurden die Prüfungsordnungen der genannten Länder nie geändert, während man sie bei uns in Deutschland den schwä-

Das Überwinden der Schrägwand ist für einen Malinois kein Problem. (Foto: Lehari)

cher werdenden Hunden anpasste. So sehen sich die Züchter immer wieder vor die Aufgabe gestellt, einen absolut nervenstarken, gesunden Hund zu züchten. In diesen Ländern gibt es keinen Zwang zum HD-Röntgen wie bei uns, da man davon ausgeht, dass ein Hund mit HD sicher keine Steilwand von 2,40 Meter überklettert und auch keinen Wassergraben von 4,50 Meter überspringt.

In Deutschland, Belgien und Frankreich unterscheiden sich die Selektionskriterien auf Arbeitseigenschaften recht erheblich. Während in Deutschland eine völlig korrekte, akkurate Unterordnung und vielseitige Nasenarbeit einerseits sowie ein harte Stockschläge aushaltender Hund andererseits verlangt wird und in Belgien der selbstsichere, unbekannten Konfliktsituationen souverän begegnende und bewältigende Ringhund, erwartet man in Frankreich einen spektakulären, sprunggewaltigen Eliteathleten. Je nach Land erfolgt also eine etwas unterschiedliche Selektion auf festen Griff (Deutschland), psychische Festigkeit (Belgien) und körperliche Höchstleistungsfähigkeit (Frankreich). Alle diese Erwartungen vermag der Malinois erstaunlicherweise zu erfüllen, was beweist, welch ungeheuer breites genetisches Potenzial in diesem Hund steckt.

Allerdings sei – bei aller Begeisterung über die Fähigkeiten des Malinois – nicht verschwiegen, dass insbesondere die extremen Hoch- und Weitsprünge den Hunden, die häufig auf solchen Prüfungen starten, auch gesundheitlich schaden können. Andererseits scheint es nur relativ wenige Hunde zu geben, die vom Ringsport krank geworden sind. Man schätzt, die Anzahl der kaputten Agility-Veteranen sei weitaus größer als die der Ringsport-Veteranen!

Bereits zu Beginn des 20. Jahrhunderts hatte der Malinois den Ruf, ein äußerst vielseitiger, fantastisch guter Arbeitshund zu sein – und daran hat sich bis heute nichts geändert. Als Arbeitshund übertrifft der Malinois nach wie vor alle anderen Varietäten des Belgischen Schäferhundes, wie seine erstklassigen Ergebnisse an Leistungsprüfungen stets aufs Neue beweisen. Sowohl bei der Polizei wie beim Militär war und ist er stark verbreitet und auch die Schutzhundesportler finden in ihm den idealen Partner. Nach dem Krieg ließ die Begeisterung vorübergehend etwas nach, aber heute behauptet sich die Rasse wieder wie früher.

Nachdem der Malinois lange Zeit im Schatten seiner langhaarigen Vettern stand, hat er in den letzten drei Jahrzehnten mächtig aufgeholt. Seit den 1970er-Jahren wurde er zunächst in Frankreich, dann auch in anderen europäischen Ländern wie den Niederlanden, der Schweiz und Deutschland immer populärer. Mit seiner unaufdringlichen, schlichten, funktionellen Schönheit und seinem enormen Arbeitswillen gewann der kleine, drahtige Vollblüter allmählich die Herzen der Leistungssportler und schob sich langsam, aber stetig in den Vordergrund. Immer mehr Hundesportler sind von den Leistungen dieses Hundes fasziniert und wählen ihn zu ihrem bevorzugten Arbeitspartner. Auch bei Polizei, Armee und Zoll setzte er sich kontinuierlich mehr und mehr durch. Inzwischen hat er seine langhaarigen Vettern Groenendael und Tervueren zahlenmäßig überholt. Mit Abstand ist er der gefragteste Arbeitshund unter den Belgiern und man kann davon ausgehen, dass sein Siegszug bestimmt noch nicht seinen Endpunkt erreicht hat.

Der Malinois ist immer mehr im Kommen. Der erste Wurf fiel in Deutschland im Jahr 1971. (Foto: Widmann)

Europaweit genoss dieser Hund schon längst höchstes Ansehen, als in Deutschland erst noch viele Barrieren beiseite geräumt werden mussten. In den 1980er-Jahren tauchte der Malinois hierzulande wie Phönix aus der Asche auf und avancierte, zuvor bei uns vollkommen unbekannt, in kürzester Zeit zum legendären Sporthund, der trotz seiner zahlenmäßigen Unterlegenheit dem Deutschen Schäferhund echte Konkurrenz machte und ihn kontinuierlich zurückdrängte. Der Malinois gehört zu den wenigen Rassen in Deutschland, die in den letzten Jahren einen fortdauernden Aufwärtstrend zu verzeichnen haben.

Probleme mit dem damaligen Klub für Belgische Schäferhunde, der kein Interesse am Hundesport zeigte, führten im Jahr 1984 zur Gründung des DMC (Deutscher Malinois Club e.V.). Zunächst erfolgte die Eintragung der Welpen ins Zuchtbuch des VDH, später dann ins eigene DMC-Zuchtbuch. Der Grundtenor der Zucht im DMC lautet, die hervorragenden Eigenschaften, die den Malinois zum alles überragenden Leistungshund gemacht haben, zu erhalten. Der DMC hat Wesensprüfungen und Körbestimmungen erarbeitet, die ihresgleichen suchen. Schon die Wesensprüfung trennt die Spreu vom Weizen. Die Körung ist dermaßen anspruchsvoll, dass nur die besten Hunde sie bestehen. Aufgrund ihrer extrem hohen Durchfallquote und der starken Schutzdienstlastigkeit ist sie nicht unumstritten. Jedoch ist es dem DMC durch seine Selektionskriterien in den letzten 20 Jahren gelungen, dem Malinois den Platz einzuräumen, den er längst verdient hat, nämlich als anerkannten Spitzengebrauchshund.

Auf den größten internationalen Gebrauchshundeprüfungen ist der Malinois fast stets auf den vordersten Rängen zu finden. Aufgrund seiner überragenden Arbeitseigenschaften zog man den Malinois lange Zeit zur Wesensverbesserung der anderen Varietäten heran, wovon insbesondere der Tervueren profitierte.

Wesen und Verwendung des Malinois

Der Malinois wurde seit vielen Jahrzehnten auf seinen Arbeitseinsatz bei der Polizei und im Hundesport deutlich mehr selektiert als die drei anderen Varietäten, was äußerlich wie innerlich seine Spuren hinterlassen hat. Er ist zu Leistungen fähig, denen andere Rassen nicht mehr gewachsen sind – und hält sich seit mehr als 100 Jahren auf nahezu gleich hohem Niveau. Einer seiner ganz wesentlichen Charakterzüge ist sein unbändiger Drang, etwas zu tun, etwas zu arbeiten. Den Uneingeweihten mag dieser Aktivismus bisweilen wie Unrast anmuten, aber er wurde dem Malinois angezüchtet und bildet letztendlich die Triebfeder für die großartige Leistungsbereitschaft dieses Hundes.

Richtig gehalten und ausreichend bewegt, ist der Malinois ein durchtrainierter Athlet, der durch seine unvergleichliche Sprint- und Sprungfähigkeit immer wieder erstaunt, begeistert und fasziniert. Als Diensthund bei der Polizei in aller Welt, bei der Bundeswehr, beim Bundesgrenzschutz und bei Sondereinsatzkommandos hat der Malinois inzwischen einen festen Platz. Von seinem deutschen Kollegen, dem Deutschen Schäferhund, unterscheidet er sich im Körperbau, durch die Leichtigkeit und Geschmeidigkeit seiner Bewegungen und seinen Charakter. Er ist wacher, lebendiger, quirliger, aber auch emotionaler, impulsiver und explosiver als sein deutsches Pendant, was seine Ausbildung nicht unbedingt erleichtert und ihn auch nicht für jeden Menschen geeignet macht. Der Malinois neigt dazu, etwas stärker unter Strom zu stehen als seine drei anderen Vettern. Ein Malinois ist für seinen Hundeführer eine echte Herausforderung. Er ist ein überzeugender Hund für diejenigen, die mit ihm umzugehen wissen. Jedoch gleicht er einem Präzisionsinstrument, das man mit großer Vorsicht und großem Fingerspitzengefühl behandeln muss. Außerordentlich schnell in seinen Reflexen, stets auf hohem Energieniveau und voller Tatendrang und Ideen führt er jede ihm gestellte Aufgabe sofort, mit größtem Eifer und blitzartiger Geschwindigkeit aus. So geht ein Malinois beispielsweise nicht ins Wasser, um das Stöckchen zu holen, das sein Mensch hineingeworfen hat. Nein, er schnellt ins Wasser und fetzt mit dem Stock im Fang wieder ans Ufer. Niemals gibt er auf, bevor er nicht eine ihm zugewiesene Aufgabe fertig ausgeführt hat. Zu seinen angeborenen Eigenschaften gehören eine vergleichsweise sehr hohe Intelligenz und eine überdurchschnittlich große Sinnesschärfe. Jedoch benötigt er einen Besitzer, der ihn versteht und in ihn hineinhorchen kann und der spürt, wann man ihm was abverlangen kann und wie man seine Energien und Kräfte in die richtigen Bahnen lenkt.

Die Leistungsbereitschaft eines Malinois ist fast grenzenlos. (Foto: Lehari)

Das Wesen des Malinois ist ferner durch ein auffallend hohes Maß an Emotionalität gekennzeichnet. Diese Hunde gehen eine sehr starke und innige emotionale Bindung zu ihren Menschen ein, erwarten jedoch ein Höchstmaß an Fairness und Feinfühligkeit im Umgang. Wenn sie sich verstanden und respektiert fühlen, wenn Mensch und Hund ein gutes Team bilden, dann geben diese sensiblen Hunde alles, dessen sie fähig sind, und gehen für ihren Hundeführer buchstäblich durchs Feuer. Trotz ihrer Unerschrockenheit und Härte in der Arbeit sind sie gegenüber ihren Bezugspersonen ungeheuer gefühlsbetonte, hochgradig sensibel reagierende, ja geradezu zärtlich-liebebedürftige Hunde, die in den richtigen Händen förmlich aufblühen und zur Hochform auflaufen. Unfairness, Wankelmütigkeit und Brutalität – das sind Eigenschaften, mit denen sie nicht klarkommen. Ein Malinois, der neben seinem Herrn lustlos über den Platz schlurft, ist ein seelisch toter Hund, der falsch angepackt und dessen Seele nicht verstanden wurde.

Emotionalität, Arbeitswütigkeit und Spielfreude – das sind die drei wesentlichen Schlüssel zum Verständnis des wahren Malinois-Wesens. Einem Menschen, der den Malinois mit Intelligenz, Einfühlungsvermögen und Konsequenz leitet, der ihm Zeit lässt für seine Entwicklung und der seinem Spiel- und Bewegungsdrang Rechnung trägt, wird er sich vorbehaltlos anschließen. Mit anderen Hunden zusammen gehalten, neigt der Malinois zu Dominanz. Da dieser Hund stets gerne im Mittelpunkt stehen will, ist hier bei Rudelhaltung viel Fingerspitzengefühl gefragt.

Im Hundesport eignen sich Malinois für alle Sparten. Sie brillieren überall dort, wo es auf Intelligenz, Schnelligkeit und Gewandtheit ankommt, sei es im Agility, Turnierhundesport oder als Rettungs- beziehungsweise Lawinenhund. Bei der Polizei weltweit dienen sie als Leichen-, Spür- und Stöberhunde. Neuerdings rekrutiert auch die deutsche Polizei ihre Diensthunde zunehmend mehr aus den Reihen der Malinois. Ihre Belastbarkeit und Robustheit, selbst bei Temperaturen über 35 Grad Celsius, haben die Hunde sogar schon in den Tropen unter Beweis gestellt, so im ehemaligen Belgisch-Kongo, wo sie den belgischen Soldaten und Missionaren als Wach- und Schutzhunde dienten. Sie arbeiten bei der UNO-Truppe auf den Golan-Höhen als Suchtgift- und Sprengstoffspürhunde, ebenso wie als Zugriffshunde bei Antiterrorgruppen des Gendarmerieeinsatzkommandos der österreichischen Polizei. Armee, Luftwaffe, Marine, Zoll, Polizei, ebenso Grenzschutz, Spezial- und Eliteeinheiten – alle ersetzen ihre Deutschen Schäferhunde nach und nach durch Malinois. Und damit sind die Einsatzmöglichkeiten dieses Elitegebrauchshundes noch keineswegs erschöpft.

Viele Malinois verbringen ihr Leben auch einzig als treue, lustige, sehr umgängliche und anpassungsfähige Familienhunde. Um sie auszulasten, kann man mit ihnen weite Strecken joggen, Fahrrad fahren oder sie neben dem Pferd laufen lassen. So irgend möglich, sollte man ihnen – auch, um sie geistig zu fordern und zu fördern – zusätzlich eine Ausbildung in einer hundesportlichen Disziplin angedeihen lassen. Menschen, die selbst gerne körperlich aktiv sind, viel Freude an Bewegung und (hunde-) sportlichen Aktivitäten haben und mit einem feurigen, reaktionsschnellen Temperamentsbündel von Hund klarkommen, sind mit einem Malinois gut bedient. Beim Kauf eines Malinois sollte man sehr genau wissen, was man will, und sich dementsprechend den richtigen Züchter heraussuchen. Wer nur einen unkomplizierten, umgänglichen Familienhund sucht, könnte mit einem rein auf Leistung selektierten Hund vielleicht überfordert sein.

Nachdem der Malinois in den letzten Jahren zum Modehund für Hundesportler geworden ist – mit der Folge, dass die Nachfrage das Angebot übersteigt –, wird er inzwischen leider teilweise ohne Papiere gezüchtet oder aus dem Ausland importiert. Auch die Polizei unterhält eigene Zuchten. Gar mancher Leistungshund wird im Hundesport regelrecht verheizt und muss für den Ehrgeiz seines Hundeführers mit seiner Gesundheit einstehen. Hiermit soll nicht gegen den Hundesport im Allgemeinen polemisiert werden. Solange die Freude am gemeinsamen Agieren im Vordergrund steht, ist nichts dagegen einzuwenden. Aber wenn der sportliche Ehrgeiz des Hundeführers die Oberhand gewinnt – ohne Rücksicht auf den Partner Hund zu nehmen –, geht die Unschuld am Tier verloren. Ein Ende der Malinois-Modewelle ist momentan noch nicht abzusehen und für alle, die diese Rasse wirklich lieben und schätzen, liegt die bange Frage in der Luft, wie es mit dem Malinois weitergeht.

Leider findet in den letzten Jahren in Deutschland, mehr noch in Belgien und Frankreich, aber auch in Skandinavien, England und Italien, eine Trennung in Schönheits- und Leistungszucht statt. Insgesamt ist aber die Welpenzahl innerhalb der Schauzuchtlinien im Vergleich zu der innerhalb der Arbeitslinien noch verschwindend gering (schätzungsweise 5 Prozent Schaulinien, 90 Prozent Leistungslinien und 5 Prozent gemischte Linien).

Auch für Agility wurde der Malinois entdeckt und brilliert dort mit hervorragenden Leistungen. (Foto: Lehari)

Der Groenendael – der schnittige Schwarze

Der Groenendael ist mit seinem wie lackiert glänzenden Langhaarfell ein Hund von bestechender Eleganz – und wegen seiner rabenschwarzen Farbe vielleicht mit einem leichten Stich ins Dämonische. Er stellt die Varietät innerhalb der Belgier-Familie dar, die als erste im Ausland bekannt wurde. Verwandtschaftlich betrachtet ist er so etwas wie der Zwillingsbruder des Tervueren – nur in einer anderen Farbe. Die Bande zwischen den beiden Langhaar-Varianten waren und sind noch immer besonders eng, was sich unter anderem darin zeigt, dass auch heute noch gelegentlich Tervueren-Welpen in den Würfen der Groenendaels fallen und umgekehrt. (Die schwarze Färbung des Groenendael vererbt sich dominant, sodass die rezessive rote Farbe des Tervueren phänotypisch nur dann auftreten kann, wenn zwei rezessive Gene für Rot von beiden Eltern aufeinander treffen.) Wie das Langhaar beschaffen sein soll, ist beim Tervueren näher beschrieben.

Geschichte und Reinzucht

Im Jahr 1899 legte man Schwarz als einzig zulässige Farbe für die Langhaar-Variante fest und im Jahr 1900 trug man den ersten Hund ins Stammbuch der Societé Royale Canine St. Hubert ein. 1910 erhielt die Rasse offiziell den Namen Groenendael. Der

Beiname „de Groenendael“ (von Groenendael) wurde einzelnen Hunden schon verliehen, noch bevor man begann, alle Belgischen Schäferhunde mit schwarzem Langhaar unter dieser Bezeichnung zu erfassen. Dieser Name blieb der schwarzen Varietät erhalten, obwohl sich das Zuchtzentrum später mehr zum Ort Binche hin verschob.

Groenendael-Welpen wurden schon bald nach Beginn der Reinzucht in ganz Belgien verkauft und gewannen auch über die Landesgrenzen hinaus rasch Liebhaber. Viele begeisterten sich für die schnittigen, schwarzen, temperamentvollen Hunde, die man auch als Gebrauchshunde für den Dressurplatz entdeckte. Die Zucht der Groenendaels florierte in hohem Maße. Unter den ersten Polizeihunden, vor allem jenen in Brüssel und Umgebung, konnte man, neben Malinois, auch zahlreiche Groenendaels antreffen.

In der Anfangszeit der Groenendael-Zucht waren Robustheit und Leistungsfähigkeit oberste Zuchtziele, obwohl es vielen Exemplaren schon damals an einer gewissen Eleganz nicht mangelte. Später versuchte man dann das Exterieur zu verbessern und erzielte jenen harmonischen, von hohem Adel und lässiger Eleganz geprägten Körperbau, der den Groenendael heute noch auszeichnet.

In der Zeit von 1900 bis zum Beginn des Ersten Weltkriegs richtete man das Hauptaugenmerk sehr stark auf die Farbe der Hunde. Viel zu viel Bedeutung maß man dem Wegzüchten mehr oder weniger großer weißer Flecken an Brust und Zehen bei. Als Ideal schwebte den Züchtern und Körmeistern ein Hund ohne ein einziges weißes Härchen vor und einige Richter platzierten solche Hunde auf Ausstellungen an vorderster Stelle, selbst wenn diese ideal-schwarzen Hunde schlechter gebaut waren und ein weniger gutes Wesen aufwiesen als ihre Konkurrenten. Bereits nach der Geburt selektierte man die Hunde mit weißen Flecken aus, sodass weiße Abzeichen innerhalb kurzer Zeit aus der Zucht nahezu ganz verschwanden.

Der Groenendael besticht durch seine Eleganz. (Foto: Lehari)

Der Welpe ist zwar erst elf Wochen alt, achtet aber schon wie sein erwachsener Artgenosse auf die Anweisungen des Menschen. (Foto: Lehari)

Der Erste Weltkrieg schadete auch dem Groenendael, jedoch nicht in so hohem Maße wie den anderen Varietäten. Seine Zucht war von Anfang an gut durchdacht und gelenkt, sodass er schon einen exzellenten Start hatte und sich rasch verbreitete. Dadurch war auch nach 1918 noch eine relativ breite Zuchtbasis vorhanden. Dennoch dauerte es einige Zeit, bevor man mit entsprechendem züchterischem Engagement wieder ein vernünftiges Niveau erreichte.

Der Zweite Weltkrieg forderte erneut seinen Tribut. Mit den guten Hunden, die man über die Hungerjahre hinweggerettet hatte, baute man die Zucht wieder auf und sicherte das Überleben jener prachtvollen Varietät, die wir als Groenendael kennen: einen temperamentvollen Gebrauchshund mit Diensthundvergangenheit, der auf dem Hundeplatz, bei der Polizei und in der Armee seinen Mann stehen kann, heute jedoch meist als Familienhund gehalten wird. Noch in den 1970er-Jahren führte man den Groenendael häufig als Schutzhund. Dann lief ihm allmählich der Malinois den Rang ab. Wesen und Verwendung sind heute fast identisch mit den Veranlagungen des Tervueren (siehe dazu nächstes Kapitel).

Ein kleiner weißer Brustfleck ist beim Groenendael heute erlaubt. (Foto: Lehari)

Der Tervueren – prachtvoll und edel

Der Tervueren zählt mit seinen leuchtenden Farben und dem herrlichen Langhaarfell mit zu den prachtvollsten Erscheinungen der Hundewelt. Seine Entstehung ist eng verbunden mit der des Groenendael. Die beiden Varietäten gleichen sich auch vom Exterieur her – bis auf die unterschiedliche Fellfarbe.

Das Langhaar von Tervueren und Groenendael ist am Körper lang und glatt. Länger und reichlicher bildet es um den Hals herum eine Mähne und an der Vorbrust eine Schürze. Auf dem Kopf, an den Außenflächen der Ohren und im unteren Bereich der Beine ist es kurz. Die Rückseite des Unterarms soll dagegen mit langen Haaren, den so genannten Fransen, versehen sein. Die Öffnung des Gehörgangs ist durch dichte Haarbüschel geschützt. Von der Basis der Ohren stehen die Haare ab und umrahmen den Kopf. An der Hinterseite der Schenkel bildet das sehr lange, reichliche Haar so genannte Hosen. An der Rute bildet es eine Fahne.

Die anerkannten Farben beim Tervueren sind laut Standard Falbfarben schwarz gewolkt oder Grau schwarz gewolkt mit schwarzer Maske, wobei falbfarbene Tiere eher erwünscht sind. Die Falbfarbe soll warm sein, weder hell noch ausgewaschen. Wie beim Malinois muss die Maske sehr ausgeprägt sein und möglichst Ober- und Unterlippe, Lippenwinkel und Augenlider umschließen. Die durch die schwarzen Haarspitzen verursachte Wolkung darf auch nur stets wie angehaucht wirken.

Der Tervueren unterscheidet sich vom Groenendael eigentlich nur durch die andere Fellfarbe. (Foto: Lehari)

Schon beim Welpen ist deutlich die schwarze Maske zu erkennen. (Foto: Widmann)

Geschichte und Reinzucht

Nachdem der erste Belgier-Standard von 1891 den Tervueren zunächst verbannt hatte, indem er für die langhaarige Varietät nur Schwarz als Farbe gelten ließ, dauerte es 20 Jahre, bis der Tervueren – als vierte und letzte Varietät innerhalb der Belgier-Familie – offiziell anerkannt und ins Stammbuch der Societé Royal Canine St. Hubert aufgenommen wurde.

Seine Farbe wurde dem Tervueren fast zum Verhängnis. Stärker als bei den anderen Varietäten züchtete man ihn von Anfang an stark auf korrekte Farbe – zum Nachteil für den Typ. Die Zuchtbasis wurde dadurch sehr eng und die Hunde büßten rasch an Rassetyp ein. Der ständige Streit um die richtige Farbe führte dazu, dass viele Züchter sich vom Tervueren wieder ab- und dem Groenendael oder Malinois zuwandten. Der Erste Weltkrieg tat ein Übriges, um das Zuchtmaterial noch mehr zu schmälern. Nach dem Krieg waren nur noch sehr wenige zuchtfähige Hunde übrig geblieben.

Der Beschluss des Jahres 1920 und erneut des Jahres 1945, Kreuzungen zwischen Rauhaar und Kurzhaar und zwischen den beiden Langhaar-Varietäten vorübergehend wieder zuzulassen, erbrachte die dringend notwendige Erweiterung der Zuchtbasis. Jedoch erwiesen sich die Mischpaarungen aus Groenendael und Tervueren als nicht sonderlich befriedigend. Bessere Ergebnisse erhielt man durch die Hunde aus Malinois-Linien, die in ihren Würfen Rot-Langhaarige erbrachten.

Die Wolkung auf dem Fell soll nur wie angehaucht wirken. (Foto: Widmann)

Zu Beginn der Zucht war die Farbe noch ziemlich unklar. Sie tendierte zu Schattierungen von fahlem Graugelb, Gelblich-Braun und Gräulich-Braun. Diese düstere Farbe konnte nicht mit dem glänzenden Schwarz des Groenendael oder dem brillanten Rotbeige mit dunklem Überflug und dunkler Maske des Malinois konkurrieren – den beiden Typen, die schon weit früher in Typ und Farbe gefestigt und perfekt waren. Daher fand diese Varietät zunächst wenig öffentliches Interesse und zog infolgedessen auch nur wenige Züchter an.

Im Hundemagazin Le Chien wurden zwischen 1919 und 1939 lediglich 49 Tervueren-Sieger bei belgischen Schauen erwähnt. Davon waren neun unbekannter Abstammung oder stammten von Eltern ab, die nicht bei der St.-Hubertus-Gesellschaft registriert waren. Vier stammten aus reinen Groenendael-Eltern und 22 aus Malinois-Linien, die schon vor 1914 existiert hatten. Langhaarige Abkömmlinge aus Malinois-Linien wiesen im Allgemeinen die gleiche dunkle Maske und charbonnierte Fellfarbe auf, wie sie die Züchter des Malinois zu fixieren trachteten, und trugen damit zur gleichen Homogenität von Typ und Farbe bei der Langhaar-Varietät bei, wie sie bei dem Malinois schon wesentlich früher erreicht war. 1931 und 1932 fanden in Tervueren Spezialausstellungen statt, zu denen jeweils wieder an die 40 Hunde erschienen. Bis auf den heutigen Tag gibt es rund um den Ort Tervueren noch immer Züchter dieser Rasse.

Der Tervueren hatte unter den Auswirkungen des Zweiten Weltkrieges wahrscheinlich am meisten von allen Mitgliedern der Belgier-Familie zu leiden. Seine erneute Durchzüchtung gestaltete sich schwieriger und erforderte einen längeren Atem als beim Groenendael und Malinois. Bereits der Erste Weltkrieg hatte nahezu alle reinen Tervueren-Linien vernichtet. Die Nachkriegs-Tervueren und damit auch der heutige moderne Tervueren entstammen überwiegend Groenendael- und Malinois-Linien.

Vor und nach dem Zweiten Weltkrieg züchtete man in Belgien nur sehr wenige Tervueren. Während der 1960er-Jahre nahm das Interesse für diese Varietät dann zu und verstärkte sich noch deutlich in den folgenden 20 Jahren. Zahlreiche Zuchtstätten in Belgien und Frankreich, die ursprünglich langhaarige schwarze Groenendaels gezüchtet hatten, nahmen zusätzlich Tervueren in ihr Zuchtprogramm auf. Mehr noch als belgische haben jedoch französische Züchter dazu beigetragen, den Tervueren erneut als Rasse zu konsolidieren und zu etablieren. Wie in Belgien waren es auch hier nur wenige, jedoch sehr engagierte Zuchtstätten, die sich dieser Varietät verschrieben hatten.

Den Züchtern ist es – trotz vieler Schwierigkeiten – gelungen, den Tervueren weder zu rustikal noch zu fein zu formen, sondern beide Richtungen harmonisch miteinander zu vereinen. Farbschläge von Silbergrau bis Beige und Mahagoni bis Braun sind zur Zucht zugelassen, müssen jedoch eine schwarze Maske und Charbonnage aufweisen. Die Belgier sagen dazu, es soll aussehen, als wenn man mit der berußten Hand über das Fell streicht. Mit seinem hübschen Kopf und der aparten Fellfarbe ist der Tervueren ein echter Hingucker. Besonders niedlich sind Tervueren-Welpen: Sie sehen aus, als wären sie gerade eben in eine Kohlenkiste geplumpst.

Wesen und Verwendung des Groenendael und Tervueren

Die beiden Langhaar-Varietäten sind in ihrem Wesen sehr ähnlich, insgesamt etwas gemäßigter als der Malinois, aber lebhafter als der Laekenois und tendenziell sensibler als die Kurz- und Rauhaar-Varietät. Ob sich Groenendael und Tervueren im Wesen unterscheiden – darüber gehen die Meinungen auseinander. Wahrscheinlich sind die Unterschiede eher zuchtlinienabhängig als varietätentypisch. Beide sind sehr menschenbezogen, wobei Tervueren aus manchen Linien dazu neigen, noch nerviger und noch mehr auf ihre Menschen fixiert zu sein als Groenendaels. Diese Tervueren entwickeln schon in sehr jungem Alter ein starkes Band zu ihren Menschen, sind nahezu klettenhaft in ihrer Anhänglichkeit und erwarten extrem viel Zuneigung vonseiten ihrer Bezugspersonen. Zudem sind sie teilweise noch sensibler, sozusagen die Hypersensibelchen unter den Belgiern, und verzeihen Erziehungsfehler noch schlechter als ihre schwarzen Vettern. Dadurch sind sie in Ausbildung und Führung noch diffiziler, denn sie neigen zum Nachtragen. Ihr Temperament ist mitunter fast schon flippig zu nennen.

Groenendael und Tervueren sind vom Wesen her sehr ähnlich. (Foto: Lehari)

Noch in den 1970er-Jahren galt der Groenendael als hervorragender Schutz- und Polizeihund. Seit der Malinois den anderen Varietäten den Rang als Arbeitshund Nummer eins abgelaufen hat, wird der langhaarige Schwarze leider nur noch selten als Diensthund eingesetzt. Dennoch gab es auch in jüngerer Zeit durchaus noch Groenendaels, die in Konkurrenz mit Malinois Polizeihundechampionate gewannen. In Amerika arbeiten Groenendaels als Servicehunde, und zwar als Behindertenbegleithunde, Signalhunde für Gehörlose, Epilepsiewarnhunde sowie als Hunde für hörgeschädigte Kinder. In Ungarn verwendet man zu ähnlichen Zwecken Tervueren.

Pflege und Gesundheit

Eine vernünftige Ernährung ist natürlich auch schon im Welpenalter wichtig. (Foto: Widmann)

Wie bei allen Hunden legt man natürlich auch bei den Belgiern im Welpenalter den Grundstock für ein gesundes und hoffentlich langes Hundeleben. Nachdem die Welpen beim Züchter schon die ersten Wurmkuren und die Grundimmunisierung in Form der Erstimpfung erhalten haben, werden sie frühestens mit acht Wochen an ihre neuen Besitzer abgegeben. Die erste Nachimpfung ist mit zwölf Wochen fällig, wobei auch erstmalig gegen Tollwut geimpft wird. Nach einem Jahr ist die erste Auffrischimpfung erforderlich. Über den genauen Impfplan verständigt man sich mit dem Tierarzt.

Etwa alle drei bis vier Monate sollten die Hunde entwurmt werden. Hierbei ist darauf zu achten, dass möglichst Breitbandwurmmittel verwendet werden, damit zum Beispiel auch der für Menschen gefährliche Fuchsbandwurm abgetötet wird. Nach Fressen von Nagetieren oder Tierkadavern sollte unbedingt entwurmt werden, ebenso nach Flohbefall, da Flöhe Bandwürmer übertragen können.

Seit Juli 2004 ist der so genannte EU-Impfpass zur Pflicht geworden, insbesondere wenn man mit seinem Hund ins Ausland reisen möchte. Bei älteren Tieren wird die Tätowierung zur Identifizierung noch anerkannt, alle anderen erhalten einen Mikrochip implantiert, sodass sie mithilfe eines entsprechenden Lesegerätes eindeutig identifiziert werden können. Die Mikrochips werden mit einer Spritze im Halsbereich des Hundes unter die Haut gepflanzt, was sich auch ohne weiteres bei älteren Hunden durchführen lässt. Da die Kanüle dieser Spritze relativ dick ist, unterspritzt ein verantwortungsvoller Tierarzt die Stelle zuvor mit einem Lokalanästhetikum, damit der Hund keine unnötige schmerzhafte Erfahrung macht.

Beim Laekenois muss man das abgestorbene Haar während des Fellwechsels entfernen. (Foto: Slembrouck)

Die meisten Belgier sind wasserfreudig und sollten möglichst oft die Gelegenheit zum Schwimmen erhalten. (Foto: Widmann)

Fellpflege

Hinsichtlich ihrer Pflege stellen die Belgischen Schäferhunde keine großen Ansprüche. Einmal wöchentliches gründliches Durchbürsten reicht, auch bei den langhaarigen Vertretern, normalerweise aus. Beim Malinois kann man hierfür eine Gummibürste verwenden. Auf alle Fälle darf – besonders bei den Groenendael und Tervueren – das Fell nicht zu häufig gebürstet werden, da sonst zu viel Unterwolle entfernt wird, die ja vorwiegend als Kälteschutz dient. Das lange Deckhaar ist wasserabweisend und verhindert, dass die Feuchtigkeit bis zur Haut vordringt.

Während des Haarwechsels empfiehlt es sich, die Hunde mehrfach wöchentlich zu kämmen oder zu bürsten. Bis auf wenige kritische Stellen, beispielsweise hinter den Ohren, neigt das Fell der Belgier nicht zum Verfilzen. Die Haare lassen sich gut von Polstern und Teppichen entfernen.

Der Laekenois muss zweimal jährlich, während des natürlichen Haarwechsels, gerupft werden, das heißt, das alte, abgestorbene Haar wird mit den Fingern entfernt. Dafür haart er kaum.

Eine Besonderheit des Belgier-Fells ist, dass es fast keinen Hundegeruch ausströmt. Der ist selbst dann nur äußerst gering, wenn das feuchte Fell trocknet. Schlechtwetterschmutz fällt in der Regel nach dem Trocknen von selbst heraus. Da die meisten Belgier sehr wasserfreudig sind, sollte man ihnen so oft wie möglich die Gelegenheit zum Schwimmen geben, wodurch ihr Fell auch natürlich sauber gehalten wird. Shampoo und Seife sind nur in Ausnahmefällen einmal vonnöten, zum Beispiel dann, wenn sich der Hund in Kot oder Unrat gewälzt hat.

Gesundheit und Lebenserwartung

Die Belgier-Zucht unterliegt in Deutschland und in anderen Ländern einer strengen Auslese. Mit erbkranken oder wesensschwachen Hunden darf in allen der FCI angeschlossenen Verbänden nicht gezüchtet werden. In Relation zu einer Reihe anderer Rassen sind Belgische Schäferhunde sehr gesund und weitgehend frei von Erbkrankheiten. Dauergast beim Tierarzt wird man mit ihnen – von seltenen Ausnahmen abgesehen – nicht. Belgische Schäferhunde haben anatomisch die Linie der Vernunft, die so mancher anderen Rasse abhanden gekommen ist. Aufgrund ihres Körperbaus und ihrer nicht übermäßigen und somit gesunden Hinterhandwinkelung ist die Rasse nicht stark HD-belastet. Man geht davon aus, dass nur ein sehr geringer Prozentsatz der gesamten Belgier-Population unter Hüftgelenksdysplasie leidet, wobei man verschiedene Grade der Ausprägung unterscheidet. Auch wenn HD mit großer Wahrscheinlichkeit genetisch festgelegt ist, spielen bei der Ausprägung auch äußere Faktoren wie Bewegung und Ernährung eine Rolle. Werden Welpen und Junghunde zu üppig gefüttert und körperlich zu stark belastet, kann es in späteren Jahren zu einem verstärkten Auftreten der HD kommen.

Auch wenn ein Belgier völlig gesunde Gelenke hat, liegt es in der Verantwortung des Besitzers, den Hund nicht zu früh und übermäßig körperlich zu belasten. Belgier sind sehr bewegungsfreudig, temperamentvoll und arbeitswillig. Darum ist der Mensch häufig geneigt, diesen Hunden im täglichen Spiel oder beim Sport körperlich mehr abzuverlangen, als ihnen gut tut. Ein Belgier wird immer wieder begeistert hinter seinem Ball oder Spielzeug herrennen, um es zu apportieren. Und wenn es sein Mensch von ihm verlangt, nimmt er jedes Hindernis im Agility-Parcours so lange, wie man ihn dazu auffordert. Der Hund weiß nicht, wann es an der Zeit ist aufzuhören, damit Gelenke und Wirbelsäule nicht Schaden nehmen. Diese Vernunft muss der Mensch aufbringen, auch wenn der Hund noch so begeistert bei der Sache ist. Denn Hunde, die in jungen Jahren sportlich zu stark gefordert werden, haben häufig im Alter (vielleicht schon mit sieben oder acht Jahren) Gelenk- oder Wirbelsäulenprobleme und müssen mit schmerz- und entzündungshemmenden Mitteln behandelt werden.

Epilepsie tauchte erstmals in den 1960er-Jahren in den Niederlanden auf und stellt in manchen Belgier-Zuchtlinien (vor allem beim Groenendael und Tervueren) ein ernsthaftes

Problem dar, an dessen Erforschung und Eliminierung stärker gearbeitet werden müsste. Epilepsie ist eine Gehirnfunktionsstörung, die genetisch bedingt ist oder durch Umwelteinflüsse wie zum Beispiel ein traumatisches Erlebnis ausgelöst werden kann. Die erbliche Form tritt meistens im Alter zwischen 18 Monaten und drei Jahren zum ersten Mal auf. Ab wann eine Medikation sinnvoll ist, sollte man mit dem Tierarzt besprechen.

Der DKBS hat eine Zuchtwertschätzung und Genotypenbestimmung betreffend HD und Epilepsie eingeführt, die an der Universität Gießen ausgewertet wird. Bevor man die Genehmigung zur Zucht bekommt, muss eine Berechnung der Werte der zwei potenziellen Paarungspartner erfolgen. Auf diese Weise versucht man, HD und Epilepsie besser in den Griff zu bekommen. Der DKBS hat hier eine Vorreiterrolle für ganz Europa übernommen. Andere Vereine wollen nachziehen.

Auch wenn der Senior schon grau um die Schnauze wird, kann er bis ins hohe Alter gesund und agil bleiben. (Foto: Lehari)

Im Allgemeinen kann man bei Belgiern mit einer hohen Lebenserwartung von zwölf bis 14 Jahren und mehr rechnen. Dabei bleiben sie meist bis ins hohe Alter gesund, lustig, vital und agil. Das gilt natürlich nur für Hunde, die gut gehalten, das heißt vor allem ausreichend bewegt und ausgewogen ernährt werden.

Selbst wenn ein Belgier völlig gesunde Gelenke hat, darf er beim Sport oder bei der Arbeit nicht körperlich überfordert werden. (Foto: Widmann)

Literatur und Quellen

Aubry, Mme. J.
Le berger belge. Tome 2 : Evolution, variétés, lignées, élevages, utilisation
Crépin-Leblond et Cie, Paris 1983

Bossi, Erna
Der Belgische Schäferhund und seine Geschichte
2. Auflage 1977

Bossi, Erna
Geschichte und Standard des Belgischen Schäferhundes
3. Auflage 1990

Bouchat, Christine (Ed.)
Bilan. Journée Internationale et Amicale du Laekenois
Anderlues, Belgien o. J.

Bouchat, Christine (Ed.)
Bilan. 2ième Journée Internationale et Amicale du Laekenois
Anderlues, Belgien o. J.

Bouchat, Christine
The Belgian Laekenois
Anderlues 1997

Ceulebroeck, G. van
L'Historique du Berger Belge
Charleroi 1983

Die Seite über den Malinois, Internet

Flamholtz, C. J.
A Celebration of Rare Breeds
Ft. Payne 1986

Fleming, Debora
Belgische Schäferhunde – Heute
Kynos Verlag, Mürlenbach/Eifel 2002

Haak, Ruud
Belgische Herders
Zuid Boekprodukties BV, Lisse 1989

Klapproth, Karla
Belgische Schäferhunde
Haltung, Geschichte und Zucht
in Deutschland
Paul Schlagmann & Co., Remscheid 1997

Malinois –
Legende des Fremdenlegionärs
Hunde-Zeitung, Internet

Maves, Kay K. (Ed.)
The Complete Belgian Tervueren
Howell Book House, New York 1990

Pollet, Dr. R.
Belgischer Schäferhund
Bede-Verlag 2002

Rheenen, Jan van
de hollandse en belgische herder
B.V.W. Thieme & Cie, Zutphen o. J.

Riedel, Volker
Monsieur 100.000 Volt = Der Malinois
Entwicklung und Evolution des Malinois
in Belgien und Frankreich
Internet 2001

Surget, Y.
Le Laekenois
(6 S.) 1994
Weber, Ing. Johann

Die Vorzüge des Malinois
Weckhuyzen, Jan van

Historique du Berger Belge Laekenois
(3 S.) 1995

Weckhuyzen, Jan van
Historique du Berger Belge Laekenois
(S. 71–79) o. J.

Weitz-Heeland, Anne
Geschichte des Malinois
Vortrag zum Züchtertag LG BW 4. 12.1999
Internet

Mündlich und schriftlich übermittelte Informationen erhielt ich von:

- Jan Benshop, Niederlande
- Daniel Bopp, Bevtoft, Dänemark
- Christine Bouchat, Anderlues, Belgien
- Gudrun Feltmann-von Schroeder, Bayreuth, Deutschland
- Ulrike Hodapp, Neckargemünd, Deutschland
- Karla Klapproth, Remscheid, Deutschland
- Marlies Konrad, Pegnitz, Deutschland
- Andreas und Jadranka Maier, Bretten, Deutschland
- Lucie Schmid, Soyhières, Schweiz
- Elfie Sibbert, Hambrücken, Deutschland
- Annette Thisse, Seelbach, Deutschland
- Jan van Weckhuyzen, Belgien
- Anne Weitz-Heeland, Berlin

Artikel aus verschiedenen Jahrgängen der Zeitschriften:

- atout chien (Frankreich)
- Belgische Herder (Niederlande)
- Das Deutsche Hunde-Magazin (Deutschland)
- Der Hund (Deutschland)
- Dog World (USA)
- Ein Herz für Tiere (Deutschland)
- Geflügel-Börse (Deutschland)
- Hunde – Haltung, Zucht, Sport (Schweiz)
- HundeMagazin (Schweiz)
- Hundewelt (Deutschland)
- HundSport (Schweden)
- Onze Hond (Niederland)
- Revue Chiens 2000 (Frankreich)
- Schweizer Hunde-Revue (Schweiz)
- Schweizer Hundesport (Schweiz)
- Unser Hund (Deutschland)
- Unser Rassehund (Deutschland)

Adressen

Deutscher Klub
für Belgische Schäferhunde e. V.
Geschäftsstelle
Brunnenplatz 5 • 88276 Berg
Tel.: 0751/43170 • Fax: 0751/53041
www.dkbs.de

Belgische Schäferhunde Berlin e.V.
Geschäftsstelle
Rosenhang 1 • 57589 Birkenbeul
Tel.: 02682/966949
www.bsbev.de

Deutscher Malinois Club e.V.
Geschäftsstelle
St. Michaelstr. 21 • 53894 Mechernich
Tel: 02443/310743 • Fax: 02243/310749
www.mechelaar.de